北京乡村旅游发展中的社区参与研究
——基于权力结构的视角

时少华 著

北京·旅游教育出版社

责任编辑:郭珍宏

图书在版编目(CIP)数据

北京乡村旅游发展中的社区参与研究:基于权力结构的视角/时少华著.—北京:旅游教育出版社,2012.11
ISBN 978-7-5637-2511-3

Ⅰ.①北… Ⅱ.①时… Ⅲ.①乡村—旅游业发展—研究—北京市 Ⅳ.①F592.71

中国版本图书馆 CIP 数据核字(2012)第 258438 号

北京乡村旅游发展中的社区参与研究——基于权力结构的视角

时少华 著

出版单位	旅游教育出版社
地 址	北京市朝阳区定福庄南里1号
邮 编	100024
发行电话	(010)65778403 65728372 65767462(传真)
本社网址	www.tepcb.com
E-mail	tepfx@163.com
印刷单位	北京中科印刷有限公司
经销单位	新华书店
开 本	787mm×960mm 1/16
印 张	12.75
字 数	151 千字
版 次	2012 年 11 月第 1 版
印 次	2012 年 11 月第 1 次印刷
定 价	33.00 元

(图书如有装订差错请与发行部联系)

《北京乡村旅游发展中的社区参与研究——基于权力结构的视角》一书得到了"北京联合大学旅游管理市级重点建设学科专项资金",以及北京市教委课题"权力运作与表达——乡村旅游社区参与研究实践机制研究"(SM201111417007)项目的资助。

序

  乡村旅游如何发展，如何提升其品质，来满足旅游者的需要，并使当地乡村居民受惠，始终是我国旅游发展面临的一个重要内容。国内许多学者从经济增长的角度，更多关注的是乡村旅游如何开发，如何进行市场的推广，如何实现旅游发展的快速增长，却少有从政治权力与利益分配的角度来审视乡村旅游发展中现存的种种问题，而这些问题的合理解决恰恰是我国乡村旅游可持续发展的必要前提。时少华博士这本著作的亮点就在于此。

  时少华博士这本著作具有以下几个突出的特点：

  首先，这本著作能够从理性的高度来正视旅游发展中存在的现实问题，而不是粉饰现实，回避现实发展中的矛盾与冲突。当前我们的社会在经济高速增长的驱动下，学术研究日益功利化，一些学术研究避重就轻，只愿意讨论一些不疼不痒的旅游现象，或用一些所谓的科学方法来证明一个众所周知的结论，甚至为某些时限性很强的临时政策做粉饰性实证，而不去关注国计民生中急需解决的现实问题。如果一个学者只会单纯地为旅游快速发展的结果歌功颂德，无异于是一个德国哲学家马尔库塞所说的"单向度的人"，而失去了人类辩证思辨的能力。正如马尔库塞所说的，"发达工业文明的奴隶是受到抬举的奴隶，但他们毕竟还是奴隶。因为是否是奴隶既不是由服从，也不是由工作难度，而是由人作为一种单纯的工具、人沦为物的状况来决定的"。实际上，就我国旅游可持续发展的现实需要而言，关注国计民生的研究才具有现实和理论的意义，才有助于旅游学科这座理论体系大厦的建设。

其次,这本著作揭示了乡村旅游发展中的一个重要问题:乡村旅游中的社区居民参与问题。我们知道,乡村旅游是指旅游者前往乡村来体验乡村生活的一种旅游形式。如世界旅游组织推荐的《地方旅游规划指南》中指出,乡村旅游是旅游者在乡村及其附近逗留、学习、体验乡村生活模式的活动。欧盟在培植和促进乡村旅游发展的"leader"计划中强调,乡村文化是乡村旅游的最关键内容,辨别一种旅游服务产品是否属于乡村旅游,关键在于旅游者是否参与到乡村本土的生活方式中去。台湾地区的乡村旅游"社会总体营造计划",就将社区居民参与放到其四大环节的重要位置。因此,乡村旅游的当地居民参与是衡量乡村旅游可持续发展的一个重要标志。然而,如何进行社区参与却受到不同制度的规范和制约。因为,不同制度背后的权力结构和利益分配决定了社区居民参与的模式和行为,而这些模式和行为又可以反观乡村旅游发展现实目的的真实所在。我很赏识时少华博士在旅游发展的实际案例中挖掘出具有理论意义的研究问题,并对其进行了深入的剖析。他让我们看到,实现乡村旅游的可持续发展并不仅仅像我们所宣传的那样,只满足于旅游者的游山玩水,而真正能够实现当地居民的积极参与、促进他们社会福利的增加,才是发展乡村旅游的重要目标之一。

再次,这本著作也比较突出地反映出旅游研究是一个多学科交叉研究的领域。通过这本著作的阅读,我们不难发现,乡村旅游的社区参与涉及大量的社会学、政治学的理论问题。实际上,现有的旅游研究成果已经充分反映出旅游学科的综合性:旅游业经营管理的经济学、管理学、金融学、交通运输学问题;旅游资源规划的历史学、考古学、民俗学、地理学、规划学、园林设计学、美学等问题;旅游者体验的心理学、文化学问题;旅游环境的生态学、环境学问题;旅游公共服务的公共管理问题;旅游社区参与的社会学、人类学、政治学问题;旅游安全的医学救护、信息预测问题;等等。由此可见,旅游现象的综合复杂性决定了旅游学科研究需要多学科的理论和方法的支撑,它绝不仅仅是一个旅游管理的问题。时少华博士的这本著作丰富了旅游学科的多学科交叉的研究成果,也是一种对旅游学科理论构建的贡献。

最后,我再一次向各位读者推荐时少华的这本著作。因为,这本著作体现了一个学者理性思考现实发展问题的学术良知,它是真正有助于我国旅游发展的可持续的。这也是北京联合大学旅游管理学科资助这本著作出版的理由所在。

北京联合大学旅游管理学科带头人
宁泽群教授
2012 年 10 月 10 日

内容摘要

目前乡村旅游社区参与过程中的矛盾主要体现在旅游征地与利益分配过程中各主体间的纠纷与矛盾。上述矛盾中，权力是决定性的重要因素。社区参与本质上是一个政治的过程，而权力问题无疑是乡村社区参与旅游发展过程中的本质问题。本文从微观的村落研究入手，通过对北京郊区 M 村和 S 村两个村落旅游事件的文本描述，从权力结构的视角透视社区参与旅游中的各种矛盾与冲突，通过对旅游事件中权力主体间博弈互动的文本深描与理论分析，提炼出社区参与旅游的权力性影响因素，并从权力结构视角中寻求解决矛盾与冲突的路径。在此基础上，本文从理论角度进行了两个方面的探讨：一是探讨了权力结构视角下社区参与旅游的特征，在与旅游利益相关者理论进行比较的基础上，提出了社区参与旅游的策略是一个权力运作的过程，社区参与旅游的逻辑实际上是利益、制度和伦理要素的混合推动，社区参与旅游的困境与对立冲突本质上体现了权力结构的性质。二是对村落参与旅游能力提升的路径做了理论探讨，主要在评析西方旅游增权理论的基础上，提出了要实现社区的真正增权，则可以尝试"强县、弱乡、实村"基层政权改革和社区内部的经济社会分层与社区记忆提升相结合的思路。

目 录

第一章 绪论 …………………………………………………………… 1
  第一节 问题的缘起 ………………………………………………… 1
  第二节 目前国内外研究的现状和趋势 …………………………… 3
    一、社区参与旅游方面的研究 …………………………………… 3
    二、村落（社区）权力结构方面的研究 ………………………… 11
  第三节 研究思路与研究方法 ……………………………………… 13
    一、研究思路 ……………………………………………………… 13
    二、研究方法 ……………………………………………………… 16
  第四节 调查村落的选取和概况 …………………………………… 17
    一、调查村落的选取 ……………………………………………… 17
    二、调查村落的概况 ……………………………………………… 19
  本章小结 ……………………………………………………………… 22
第二章 村落的权力结构 ……………………………………………… 23
  第一节 村落的权力结构的界定 …………………………………… 23
  第二节 国家—社会视角中的村落权力结构 ……………………… 25
    一、国家—社会视角中村落权力结构的历史生成与变迁 …… 25
    二、国家—社会视角中的权力主体 …………………………… 29
    三、国家—社会视角中 M 村权力结构特征 …………………… 30

第三节 村落内部视角中的村落权力结构 ······ 36
　一、村落内部视角中的村落权力结构历史生成与变迁 ······ 36
　二、村落内部视角中的权力主体 ······ 37
　三、村落内部视角中S村权力结构特征 ······ 38
本章小结 ······ 45

第三章 国家—社会权力结构视角下旅游事件的社区参与分析 ······ 47
第一节 M村旅游拆迁与征地事件的背景与过程 ······ 47
　一、拆迁与征地事件的背景 ······ 47
　二、拆迁与征地事件的过程 ······ 48
第二节 县镇基层政府在拆迁与征地事件中的参与策略 ······ 51
　一、新农村建设下的旅游商业项目开发 ······ 51
　二、拆迁过程的"软硬兼施"策略 ······ 53
　三、征地过程中的策略 ······ 56
第三节 村民在拆迁与征地事件中的参与策略 ······ 63
　一、拆迁过程中的"拖"策略 ······ 63
　二、"问题化"构建策略 ······ 65
　三、"依法抗争"策略 ······ 68
第四节 国家—社会权力结构视角下权力主体事件参与中的理论分析 ··· 71
　一、县基层政府的参与逻辑 ······ 71
　二、村民在事件中的参与逻辑 ······ 73
　三、基层政府和村民在拆迁与征地事件中面临的困境 ······ 78
第五节 基层政府与村民旅游事件中的参与特征 ······ 80
第六节 拆迁与征地事件的结果 ······ 86
本章小结 ······ 88

第四章 社区内部权力结构视角下旅游事件的社区参与分析 ······ 89
第一节 北S村景区承包与并购事件分析 ······ 89
　一、景区承包与并购事件产生的背景与过程 ······ 89

二、景区承包事件参与策略 …………………………………… 93
　　三、景区并购事件参与策略 …………………………………… 99
第二节　南S村景区股份纠纷事件分析 ……………………………… 109
　　一、事件产生的背景 …………………………………………… 109
　　二、体制精英的景区利益分配参与策略 ……………………… 111
　　三、非体制精英的景区入股动员与收益分配策略 …………… 113
　　四、普通村民的事件参与策略 ………………………………… 117
第三节　社区内部权力结构视角下权力主体事件参与中的理论分析 … 120
　　一、权力主体间的事件参与策略成为可能的原因 …………… 120
　　二、村干部对景区资源支配权的制度延续 …………………… 125
　　三、权力主体间事件参与的困境 ……………………………… 129
第四节　社区内部权力主体旅游事件中的参与特征 ……………… 133
第五节　南北S村景区纠纷事件的结果 …………………………… 140
本章小节 ……………………………………………………………… 141

第五章　社区参与旅游的权力性影响因素与路径选择 …………… 143
第一节　M村事件参与各方对立冲突与参与困境中的
　　　　权力性因素分析 …………………………………………… 143
　　一、国家的土地法律政策缺位 ………………………………… 143
　　二、县镇地方政府对村土地等资源支配权比较强 …………… 145
　　三、村落公共性权力的缺失 …………………………………… 146
第二节　S村事件参与各方对立冲突与参与困境的权力性因素分析 … 148
　　一、村庄权力结构的外向性 …………………………………… 149
　　二、村庄权力结构的低稳定性 ………………………………… 150
　　三、村庄权力结构的运作效力低 ……………………………… 151
第三节　权力结构视角下社区参与能力的提升路径 ……………… 152
　　一、国家—社会权力结构视角的社区参与能力的提升 ……… 153
　　二、社区内部权力视角中的社区参与能力的提升：经济分化程度与社区记

忆的提升 ·· 155
　本章小结 ·· 161
第六章　权力结构视角下社区参与旅游的理论探讨 ············ 163
　第一节　权力结构视角下社区参与旅游特征的理论探讨：
　　　　　兼与旅游社区利益相关者理论作比较 ················ 163
　　一、社区参与旅游的策略：一个权力运作的过程 ············ 163
　　二、社区参与旅游的逻辑：权力背后利益、制度和
　　　　伦理要素的混合推动 ································ 164
　　三、社区参与旅游的困境与对立冲突：权力结构性质的凸显 ··· 166
　第二节　村落社区参与旅游能力提升的理论探讨：
　　　　　兼与旅游社区增权理论作比较 ······················ 167
　本章小结 ·· 170

结论　权力结构视角下社区参与旅游的总结与思考 ············ 172
参考文献 ·· 177
附　录 ·· 185
　附录一　M村事件访谈目录 ·································· 185
　附录二　S村事件访谈目录 ·································· 186
后　记 ·· 189

第一章 绪 论

第一节 问题的缘起

近年来,我国乡村旅游发展迅猛,乡村旅游业的发展逐渐成为解决"三农"问题的新亮点。但在乡村社区,各权力主体间的纠纷与冲突却日趋严重,导致乡村旅游可持续发展能力严重下降,社区参与的能力匮乏。如何认识并处理好社区参与问题一直是乡村旅游发展的症结所在。而社区参与旅游困局的关键可能不在于村民的知识文化水平或村民的发言权与知情权的问题,或仅仅是利益上的冲突问题,而在于社区参与的政治性和权力性问题。如何认识社区参与旅游的权力问题,从权力结构角度看社区参与旅游会产生什么样的过程与结果,背后的逻辑是什么,通过思考这些对于解决社区参与旅游过程中主体间对峙与冲突的困局会给我们带来一些实际的启示。

社区参与本质上是一个政治的过程①,而权力问题无疑是社区参与旅游过程中的本质问题,目前国内外关于权力结构(或权力关系)方面的社区参与旅游研究一般从两个理论角度来探讨,即旅游利益相关者理论与旅游增权理论。旅游利益相关者理论重视权力关系在社区旅游利益相关者中合作或协

---

① 约翰·克莱顿·托马斯.公共决策中的公民参与:公共管理者的新技能与新策略.孙柏瑛,等,译.北京:中国人民大学出版社,2005:6-23.

作过程中的影响性①,并借助博弈理论来研究利益相关者之间的互动策略及其对利益格局的影响②,并将权力关系作为利益相关者合作成功或失败的特定影响变量③。但该理论仅仅将权力结构视为外生影响变量,重点关注权力对利益相关者地位的划分和对利益格局的影响,其核心依然是追求如何重新达成新的利益分配格局④。由于该理论没有从权力的视角深入下去,仅仅将权力关系作为影响社区参与的外在解释变量,导致我们无法看到权力主体是如何影响利益分配格局的,并忽视了权力结构特征与权力性质在参与旅游困境中与旅游事件对立冲突中的重要影响。旅游增权理论是目前比较流行的关于社区参与能力提升的理论。该理论强调依靠社区内部力量,通过社区内部的共同努力而增强人们参与旅游的能力。所谓增权(empowerment)指的是"人们在不受任何行为限制的情况下,从自身利益出发采取行动,进而提高其个人能力的过程"⑤。旅游增权理论过于强调社区内部个人能力的提升,而忽略了国家政权建设的作用,而且其在社区内部提升个人能力的改革思路也有待探讨。

目前国内仅有少数研究在社区参与旅游研究中涉及了社区对立冲突与权力关系这个问题⑥,但这些研究依然是从旅游利益相关者理论或旅游社区增权理论的角度出发,权力关系依然是一个外生变量。而本研究拟从权力结构的视角出发,将权力作为社区参与的核心内生变量,以京郊两个村为个案,

---

① 郭华. 乡村旅游社区利益相关者研究:基于制度变迁的视角. 暨南大学出版社,2010(5):36-38.
② 代则光,洪名勇. 社区参与乡村旅游利益相关者分析. 经济与管理,2009(11):27-32.
③ Reed M. G. Power Relation and Community - based Tourism Planning. Annals of Tourism Research,1997,24(3):566-591.
④ 同③。
⑤ Herbert - Cheshire L. Contemporary Strategies for Rural Community Development in Austrilia:A Governmentality Perspective. Journal of Rural Studies,2000(16):203-215.
⑥ 翁时秀,彭华. 权力关系对社区参与旅游发展的影响——以浙江省南溪江芙蓉村为例. 旅游学刊,2010(9):31-37;龙良富,黄英,等. 村民对旅游开发的社会反应:冲突论的视角——以中山市崖口村为例. 调研世界,2010(9):30-33;钟洁,陈飚. 西部民族地区旅游社会冲突的协调与社会和谐发展. 西南民族大学学报(人文社会科学版),2011(2):141-144;保继刚,孙九霞. 雨崩村社区旅游:社区参与方式及其增权意义. 旅游论坛,2008(1):58-65。

在田野调查的基础上,全面系统地揭示权力结构视角中的社区参与旅游的特征,即参与策略、参与的力量、参与的主动性、参与逻辑、参与困境等问题,进一步凝练出旅游社区参与权力主体间对峙与冲突的权力性成因,并提出提升社区参与旅游能力的路径;在此基础上,结合本书实际研究案例,做进一步的理论探讨,以期改进与完善社区参与旅游方面的理论研究,这也是本研究的价值所在。

第二节 目前国内外研究的现状和趋势

一、社区参与旅游方面的研究

(一) 社区参与和旅游可持续发展方面的研究

社区参与理念根植于西方,它源自于西方的公民参与理念,是公民参与理念在社区的实践。在西方社会,社区参与意味着对传统权力的否定,也意味着权力从主要决策者转向传统意义上不扮演决策角色的民众。同时,在某种程度上社区参与还意味着这是一个对民众进行教育与赋权的过程。在此过程中,民众和那些能够帮助他们的人合作,在规划、管理、控制和评估必要的集体行动中,识别民众所面临的问题及民众的需要,增加民众承担责任的能力[1]。对"社区参与"的定义,我国学者有着较为一致的理解,即认为它是社区居民作为社区管理的客体,更作为社区管理的主体,自觉自愿地参加社区各种活动或事务的决策、管理和运作的过程和行为,它意味着社区内的每一

---

[1] 约翰·克莱顿·托马斯.公共决策中的公民参与:公共管理者的新技能与新策略.孙柏瑛,等译.北京:中国人民大学出版社,2005.

个成员所拥有的权利同时也是所需尽的义务①。但近几年来也有些学者从较为广义的角度来界定社区参与这一概念,即认为社区参与是社区建设和发展中的参与行为和参与过程。社区参与的主体则是在社区发展的具体运作过程中,受到法律、法规保护,依法享有参与社区重大事务决策和管理、自主处理社区公共事务的权利,并承担相应责任和义务的人和群众。显然,参与的主体不只是居民,还包括政府法人、驻地企事业单位法人和中介组织②。

  社区参与的概念之所以能够被引入旅游研究领域,是因为其与旅游可持续发展理念息息相关。因为社区参与理念认为人是发展过程中的主体,这一主体有权利参与到旅游业各个环节中去,而这恰恰符合旅游可持续发展的理念。20世纪70年代后,可持续发展的思潮在世界范围内兴起,旅游业也开始关注旅游可持续发展的问题。1985年,旅游社会学大师墨菲在《社区:旅游方法》一书中提出了社区参与的概念,重视居民在当地旅游发展中的作用,强调社区居民参与旅游规划和决策,使规划能反映当地居民的态度和想法,以减少居民对旅游的反感情绪。此后,社区参与的研究日益受到学者们的重视,学者们对社区参与旅游的意义、内容、途径,社区参与的层次、类型,旅游发展对社区的影响及社区参与的影响因素等问题展开了探讨。1997年世界旅游组织、世界旅游理事会与地球理事会联合颁布的《关于旅游业的21世纪议程——实现与环境相适应的可持续发展》首次明确地将社区居民作为关怀对象,并把居民参与当做旅游业可持续发展过程中的一项重要内容和不可缺少的环节。波罗曼(Brohman)认为,社区参与是使社区"获利于"而不是"受利于"旅游,居民通过社区参与是主动争取收益而不是被动得到利益。他认为

---

  ① 王刚,罗峰. 社区参与:社会进步和政治发展的新驱动力和生长点. 浙江学刊,1999(12);张亮. 上海社区建设面临挑战:居民参与不足. 社会,2001(1);张卫. 社区参与:社区建设与发展的推动力. 社会,2001(1)。

  ② 王骥洲. 社区参与主客体界说. 山东行政学院、山东省经济管理干教学院学报,2002(5);杨荣. 论我国城市社区参与. 探索,2003(1);鲍勃·谢比伯,等. 中加社区治理模式比较研究. 上海:上海人民出版社,2006。

社区参与能使居民更公平地参与利益分配和决策,能更好地满足社区的需要,是解决发展中国家旅游发展存在的问题的手段①。艾卡玛(Akama)认为社区居民只有参与包括经济、心理、社会、政治等多领域才能保证其能够充分分享生态旅游开发带来的各种利益,促进旅游可持续发展②。芬内尔(Fennel)认为生态旅游应该根据有利于旅游目的地居民的原则而定位于当地社区③。萨德汉伊和波亚缇维(Sudhiani&Pratiwi)分析了社区参与生态旅游开发的优势,通过大量案例研究发现社区参与程度越高,生态旅游开发目标越容易实现④。自20世纪90年代以来,中国学者已经意识到当地社区参与是旅游发展不可缺少的部分⑤。刘纬华从社区参与旅游是旅游可持续发展宏观系统中的重要机制这一视角出发,指出社区是旅游发展的依托,社区参与的旅游发展是旅游可持续发展的一个重要内容和评判依据⑥。保继刚、孙九霞对阳朔遇龙河风景旅游区进行研究,指出社区居民是当地旅游发展的核心力量,社区居民参与不仅仅是旅游可持续发展的需要,也是社区自身发展的需要,但是,社区参与的积极性和有效性往往得不到保障,影响了旅游目的地的形象和旅游业的发展⑦。宋章海针对社区参与旅游业发展中出现的一些普遍性问题,从理论与实践角度提出了思考和建议,并指出社区参与旅游是旅游业可持续发展的重要环节⑧。同时乡村旅游的扶贫功能也要求当地社区的参与,尤其是我国一些边远山区的社区。黎洁提出社区参与是山区与旅游可持

---

① Cevat Tosun. Limits to Community Participation in the Tourism Development Process in Developing Countries. Tourism Management. 2000,21(6):613-633.

② Akama J. Western environmental values and nature-based tourism in Kenya. Tourism Management, 1996,17(8):567-574.

③ David. A. Fennel. Eeo-tourism:An Introduction. New York:Routledge,1999:119.

④ Sudhiam Pratiwi. Understanding Loeal Community Participation in Eeo-tourism Development:A Critical Analysis of Select Published Literatue. 2000:98.

⑤ 唐顺铁.旅游目的地的社区化及社区旅游研究.地理研究,1998(2):145-149.

⑥ 刘纬华.关于社区参与旅游的若干理论思考.旅游学刊,2000(1):47-52.

⑦ 孙九霞,保继刚.社区参与的旅游人类学研究:阳朔遇龙河案例.广西民族学院学报(哲学社会科学版),2006(1):63-69.

⑧ 宋章海.试论社区参与在区域旅游发展中的问题与对策.贵州大学学报,2005(1).

续发展的需要,加之山区社区社会经济发展相对落后,社区参与旅游将是一项需要很长时间努力的系统工程①。由于旅游发展的程度不同,社区参与也呈现出不同的特征。鉴于社区参与在旅游可持续发展中的重要性,国内旅游规划学者刘纬华从旅游可持续发展的角度认为"社区参与"就是"社区参与旅游发展"的简称,社区参与旅游发展是指把社区作为旅游发展的主体纳入旅游规划、旅游开发等涉及旅游发展重大事宜的决策、执行体系中②。保继刚、孙九霞也认为,社区参与旅游发展是指在旅游的决策、开发、规划、管理、监督等旅游发展过程中,充分考虑社区的意见和需要,并将其作为主要的开发主体和参与主体,以便在保证旅游可持续发展方向的前提下实现社区的全面发展③。由此可见,社区参与是旅游可持续发展中不可或缺的因素。

由上述国内外关于社区参与和旅游可持续发展方面的大量研究可以看出,社区参与是旅游可持续发展的重要变量和影响因素。社区参与是旅游可持续发展宏观系统中不可或缺的因素④。但与西方的社区参与旅游不同的是,我国社区参与在实践层面还远没有实现,不仅社区参与程度低,而且在某种程度上还处于被动参与的状态⑤。就当前的研究内容看,无论是旅游发展与社区的相互关系还是社区参与的机制、模式或类型,研究者们更多的是将社区参与作为一种经济或技术过程,"一种更好地指导社区接受和认识由外部形成的旅游发展议程所带来的好处的技术",普遍忽略了社区参与是社区在旅游发展过程中通过与外部力量的抗衡取得某种程度的控制权的过程,也即社区参与的本质是一个实实在在的政治过程⑥。

---

① 黎洁.西部生态旅游发展中农村社区就业与旅游收入分配的实证研究——以陕西太白山国家森林公园周边农村社区为例.旅游学刊,2005(3):18-22.
② 刘纬华.关于社区参与旅游的若干理论思考.旅游学刊,2000(1):47-52.
③ 保继刚,孙九霞.社区参与旅游发展的中西差异.地理学报,2006(4):401-413.
④ 刘纬华.关于社区参与旅游的若干理论思考.旅游学刊,2000(1):47-52.
⑤ 保继刚,孙九霞.社区参与旅游发展的中西差异.地理学报,2006(4):401-413.
⑥ 左冰,保继刚.从"社区参与"走向"社区增权"——西方"旅游增权"理论研究述评.旅游学刊,2008(4):58-63.

（二）社区参与中的旅游利益相关者研究

利益相关者(stakeholder)一词源于管理学概念。随后利益相关者理论得到了更为广泛的关注，众多学者开展了相关的研究，并由最初的以企业为研究主体延伸到政府、社会组织、社区、政治、经济和社会环境等众多方面。弗里曼(Freeman)在1984年出版的《战略管理：一种利益相关者的方法》一书，被学术界认为是利益相关者理论正式形成的标志。在这本书中，弗里曼认为："利益相关者是能够影响一个组织目标的实现，或者受到一个组织实现其目标过程影响的所有个体和群体。"[1]20世纪80年代，旅游研究领域正式引入利益相关者这一概念。1987年世界环境发展委员会(WCED)明确指出，引入利益相关者理论是可持续发展过程中必不可少的要求之一。1999年10月1日，世界旅游组织第十三届会议通过的《全球旅游伦理规范》中明确使用了"利益相关者"一词，提供了旅游业发展中不同利益相关者行为参照标准，这标志着"旅游利益相关者"概念已正式得到官方认可。周玲[2]曾经对国外1995年到2004年发表在《旅游研究纪事》(annals of tourism research, AOTR)和《旅游管理》(tourism management, TM)两本学术杂志上的旅游利益相关者研究做过系统的回顾，并从内容角度将这些研究大致分为两大类。一类主要是对旅游规划与管理决策中的利益相关者的调查与分析。此类研究文献一般利用访谈或其他社会调查方法收集和了解利益相关者对旅游规划与管理政策和措施的态度和看法。其中，既有对即将付诸实施的政策或措施的态度和看法的调查，也有对已付诸实施的政策或措施的态度和看法及实施效果的评价调查。另一类则主要是对旅游规划和管理中利益相关者的冲突和协作问题，包括协作的组织形式、程序方法、权力关系以及合作关系等加以研究。如贾马尔与盖茨(Jamal&Getz)将有关组织间关系的协作理论应用于社区旅游

---

[1] Freeman R. E. Strategic Management: A stakeholder Approach, 1984, Boston: Pitman.
[2] 周玲.旅游规划与旅游管理中利益相关者研究综述.旅游学刊,2004(6):53-59.

规划中,提出了促进旅游目的地利益相关群体协作的六项建议[1];里奇(Ritchie)以加拿大班夫国家公园的弓河谷(Bow Valley)为例,探讨了由多方利益相关者参与的"基于利益的谈判"和"共同决策"的圆桌会议程序和方法[2];瑞德(Reed)则是通过引入组织理论就权力关系对社区旅游规划的影响进行了实证研究[3]。国外关于旅游社区方面的利益相关者研究多从旅游规划与管理的角度介入,其中涉及冲突、协作和权力问题,已经触及了社区参与中权力和权力关系的一些重要问题。

目前,国内学者在旅游领域对于利益相关者的研究多集中于对其概念和各相关者关系这一层面的研究。在社区参与中的利益相关者方面,张建萍认为社区利益群体主要由当地居民、游客、旅游产业的参与者、研究者和政府构成[4]。张伟等[5]应用利益主体理论对旅游社区不同利益主体的旅游意识和利益表达进行了定性和定量分析,提出了社区参与旅游的具体操作途径。何艺玲认为社区是由居民组成的社区、旅游资源管理有间接利益的当地社区,由生态旅游地的使用者、开展生态资源商业的使用者、供应商和经销商、生态旅游资源管理部门、生态旅游支持者和生态旅游者构成[6]。宋瑞从博弈角度分析生态旅游社区的利益相关者,提出调整现有的利益相关者角色和关系的建议[7]。此外,除了上述对旅游利益相关者概念和各相关者关系这一层面的研究外,近些年,有少数研究从利益相关者的协作与权力关系的角度研究了社

---

[1] Tazim B. Jamal, Donald Getz. Collaboration theory and community tourism planning. Annals of Tourism Research, 1995, 22(1): 186 – 204.

[2] J. R. Brent Ritchie. Crafting a value – driven vision for a national tourism treasure. Tourism Management, 1999, 20(3): 273 – 282.

[3] Reed M. G. Power Relation and Community – based Tourism Planning, Annals of Tourism Research,1997,24(3): 566 – 591.

[4] 张建萍. 生态旅游理论与实践. 北京:中国旅游出版社,2001.

[5] 张伟,吴必虎. 利益主体理论在区域旅游规划中的应用——以四川省乐山市为例. 旅游学刊,2002(4):63 – 68.

[6] 何艺玲. 如何发展社区生态旅游——泰国 Huay Hee 村社区生态旅游(CBET)的经验. 旅游学刊,2002(6):57 – 60.

[7] 宋瑞. 我国生态旅游利益相关者分析. 中国人口·资源与环境,2005(1):36 – 41.

区对立冲突与权力关系的问题①,但这些研究依然是从旅游利益相关者理论出发,权力关系依然是一个外生变量。

(三)社区旅游增权方面的研究

增权理论(Empowerment Theory),又译为充权、赋权或激发权能理论,盛行于20世纪80年代以后。1976年,美国学者巴巴拉·所罗门出版了名为《黑人增权:被压迫社区的社会工作》的先驱著作,就种族的议题率先提出了"增强权能"这个概念。此后,关注增权理论的研究者和实践者甚众。增权理论起初是为社会工作而提出的,其关注的重点是提高弱势群体的权力和社会参与程度,而现在增权理论成为了社会学、教育学、政治学、社区心理学等学科的新兴核心概念,随着学科的交叉性日益增强,增权理论又被扩展运用到了旅游研究领域。增权是由权力(power)、无权(powerlessness)、去权(disempowerment)等核心概念建构起来的②。艾卡玛(Akama)最早在对肯尼亚生态旅游的研究中提出了对社区居民增权的必要性③。而在此之前,许多旅游研究者都不同程度地意识到了权力关系在旅游发展中的重要性。如皮尔斯(Pearce)指出:"在关于社区参与旅游决策的任何讨论中,权力及其影响问题都是一个决定性的考虑因素"④。思切文斯(Scheyvens)正式将增权理论引入到旅游研究中。他明确指出,旅游增权的受体应当是目的地社区,并提出了一个包含政治、经济、心理、社会四个维度在内的社区旅游增权框架。思切文斯认为,对当地社区来说,要真正对旅游发展实施控制,需要将权力从国家层面放置到社区层面,如当地各种宗教团体、相关机构、普通群众组织包括妇女

---

① 翁时秀,彭华.权力关系对社区参与旅游发展的影响——以浙江省南溪江芙蓉村为例.旅游学刊,2010(9):31-37;龙良富,黄英,等.村民对旅游开发的社会反应:冲突论的视角——以中山市崖口村为例.调研世界,2010(9):30-33;钟洁,陈飚.西部民族地区旅游社会冲突的协调与社会和谐发展.西南民族大学学报(人文社会科学版),2011(2):141-144.

② 左冰,保继刚.从"社区参与"走向"社区增权"——西方"旅游增权"理论研究述评.旅游学刊,2008(4):58-63.

③ Akama J. Western environmental values and nature-based tourism in Kenya. Tourism Management, 1996,17(8):567-574.

④ Pearce P. Moscardo G. Ross G. Tourism Community Relationships, New York:Pergomon,1996.

和年轻人也都应该选派代表参与到旅游发展决策过程中。这些不同的声音和主张应当指引着每一个旅游项目的开发，从初始的可行性评估阶段直至实施完成阶段。此外，由于社区并非是一个持有共同目的、同质的、平等的群体，为了杜绝社区中的权力经纪人或地方精英操纵和主导社区旅游的发展方向，垄断旅游发展的经济利益，有必要成立类似于董事会或地方旅游组织之类的机构①。

国内学者左冰、保继刚认为，西方学者将旅游增权的"权力"限定为社会与政治权力，是一种狭窄的权力观。他们所倡导的通过旅游增权提升社区的"权力"，仅仅指能力或技能，它只不过是个体权力的一种形式。要保障个人权力的获得，还必须将"权力"的范围扩展到"个人权利"，即增权还应扩展到对居民个人权利，包括经济权利、社会权利以及政治权利的增进和保护。因为可靠而界定清晰的个人权利才是真正有效行使权力的基础。然而没有对个人权利的制度保障，仅有社区居民个人的识别能力或自我保护能力是远远不够的，因此还需要通过国家政权建设来实现，建立起一套正式的支持性的制度来保障社区参与的权益，将传统的"自上而下"的社区参与方式改变成为"自下而上"的合法增权形式。左冰、保继刚强调社区内部建设和国家政权建设的融合，国家政权强势力量和社区相对弱势力量的制衡，甚至需要第三方力量来实现社区的平衡发展②。这些国家政权建设思路虽然很有启发性，但在具体实施过程中依然显得过于模糊，而且该思路强调国家力量、社区力量以及第三方力量之间相互制衡，明显将国家政权建设和社区内部权力对立起来，认为国家政权建设和社区内部权力之间存在此消彼长的"零和博弈"关系，国家政权建设的推进必然导致社区内部权力的损失。因此还需要对该思路进行改进，重点强调国家政权和社区内部的权力的融合，这也是本书所要重点探讨的。

---

① Scheyvens R. Eco-tourism and the Empowerment of Local Communities. Tourism Management, 1999(20):245-249.

② 左冰,保继刚.从"社区参与"走向"社区增权"——西方"旅游增权"理论研究评述.旅游学刊, 2008(4):58-63.

二、村落(社区)权力结构方面的研究

关于社区权力结构的研究一直是理论家们感兴趣的议题。国外学者提出了"精英理论"、"多元论"两种社区权力结构的观点。前者认为有权力声望和重要职位的人就是掌握实权的精英,社区权力掌握在一小群精英手中;而后者认为社区权力研究的核心是社区的重大决策事件,强调在决策过程中寻找社区掌握实权者。而实际决策过程往往是通过实际行为而不是声望和职位来完成的,"精英论"只能衡量权力资源的结构分布,却无法发现权力的动态运作[1],因此,"多元论"对村落权力结构的研究有更多的启发意义。中国社会的乡土性质决定了村落研究必然成为重要的主题,村落权力结构的分析是透视乡村社会性质的重要视角以及理解村庄政治的基础,因而成为当前村庄治理(村治)研究的一个重要环节[2]。费孝通在研究传统乡土中国的权力结构时就区分了村庄中同意权力、横暴权力和教化权力这三种基本的权力类型[3];杜赞奇考察了20世纪上半叶华北农村村庄权力结构的变化,区分了赢利型经纪与保护型经纪[4]。随着一个多世纪以来国家权力在乡村社会的不断渗入,以及20多年的村治方面的持续研究,村落权力结构研究已然成为国内外学界及各学科研究的重要领域。金太军总结概括了村落权力结构研究的两个取向:一是对村庄内部各个权力主体之间的互动关系进行研究,二是对国家与村庄的关系进行研究[5]。第一种研究取向侧重于分析探讨村庄权力在不同的家族、不同的自然村或者不同"片"乃至不同的人们之间的分配,进而对村庄权力结构的特征进行概括,这种研究实际上可以被称为"村庄权力结构的内

---

[1] 夏建中. 现代西方城市社区研究的主要理论与方法. 燕山大学学报(哲学社会科学版),2000(2):1-6.
[2] 金太军. 村庄权力结构研究综述. 文史哲,2004(1):160-162.
[3] 费孝通. 乡土中国. 上海:上海人民出版社,2006:49-56.
[4] 杜赞奇. 文化、权力与国家. 南京:江苏人民出版社,1996.
[5] 同[2].

部研究"。黄宗智对华北和长江三角洲不同的土地占有形态、不同的家族力量和结构对于村庄权力结构类型的影响进行了分析[1]，王铭铭(1996)从政治人类学的视角对乡村社会内部民间权威兴起和村庄传统复兴给予了重点关注[2]。贺雪峰、仝志辉通过江西的个案研究，提出了"模化"和"精英均衡"的概念，并在此基础上，进一步提出了"体制精英—非体制精英—普通村民"的三层分析工具，借助这种三层分析法，可以理解当前村庄权力运行的状况，特别是村级权力的合法性状况[3]。第二种研究取向实际上是一种"村庄权力结构的外部研究"，其主要分析工具是国家—社会关系分析框架。王思斌对乡村干部之间的交往结构以及管理区干部与村干部的互动过程与行为进行了比较深入的分析，指出了乡村两级干部的一种关系模式——共事依赖[4]。孙立平、郭于华以华北地区一个镇的订购粮的征收为例，分析了在正式行政权力运作过程中，权力的行使者将人情、面子等日常生活准则和民间观念引入权力行使的过程，即正式权力非正式运作的过程[5]。

以上村落权力结构方面的研究是从村落外部和村落内部两个视角展开的。如果我们将上述研究从理论取向上来划分，大体可以分成两个取向：一是历史结构主义取向，这一取向的创始人物是马克思[6]，费孝通、杜赞奇和黄

---

[1] 黄宗智.华北的小农经济和社会变迁.北京：中华书局,2000；黄宗智.长江三角洲的小农家庭与乡村发展.北京：中华书局,2000。

[2] 王铭铭.村落视野中的文化与权力.北京：生活·读书·新知三联书店,1997.

[3] 仝志辉,贺雪峰.村庄权力结构的三层分析——兼论选举后村级权力的合法性.中国社会科学,2002(1).

[4] 王思斌.共事依赖：乡—村干部关系的一种模式,农村基层政权运行与村民自治.中国社会科学出版社,2001.

[5] 孙立平,郭于华."软硬兼施"：正式权力非正式运作的过程分析.清华社会学评论·特辑.鹭江出版社,2000.

[6] 权力的历史结构主义取向代表人物为马克思,权力结构历史主义视角是指运用历史—结构主义的方法,通过考察中国乡村地方权威授权来源的历史进程,指出乡村外部权力结构以及村落内部的权力结构生成问题的视角。该取向侧重于从社会与国家变迁的角度考察权力关系的变化,认为权力结构是历史生成的结果。具体可参见马尔科姆·沃特斯.现代社会学理论.北京：华夏出版社,2000：233-248；杜赞奇.文化、权力与国家.南京：江苏人民出版社,1996；费孝通.乡土中国.上海：上海人民出版社,2006：49-56；张静.基层政权：乡村制度诸问题.上海：世纪出版集团＆上海人民出版社,2007：18.

宗智等人的研究就采取了这一理论取向。另一个取向是实践主义取向,强调权力结构的实践性、变动性、日常性和潜在的动态结构性,其代表人物是孙立平、郭于华、王思斌、贺雪峰、仝志辉和金太军等人。本书对于村落权力结构内涵的理解是上述两个研究取向的综合,即村落权力结构既有历史结构主义的生成本质与性质,也有结构主义的实践性和互动性特征,具体分成国家社会权力结构视角和村落内部权力结构视角。基于村落权力结构历史生成的本质、权力来源,侧重于从权力主体实践的过程中考察村落权力主体的互动关系、权力结构特征,以及这一权力结构对村落的社区参与旅游过程产生的重要影响。

第三节 研究思路与研究方法

一、研究思路

本书从权力结构的视角来关注与透视乡村社区参与旅游的特征,从村落社区外部权力结构和村落社区内部权力结构两个思路来重点考察权力主体间社区参与旅游的过程、结果,并总结权力结构视角下社区参与旅游事件的参与策略、参与的逻辑、参与特征及参与的权力性成因,并提出社区参与旅游的路径与模式。在此基础上与社区参与旅游两个相关理论(即旅游社区利益相关者理论和旅游社区增权理论)进行比较分析,进而对权力结构视角下社区参与旅游做进一步的理论探讨。

在村落外部权力结构研究中,国家—社会关系分析框架和市民社会理论是主要的分析工具[1]。在村落外部权力结构中,本研究采取国家—社会关系

---

[1] 金太军.村庄权力结构研究综述.文史哲,2004(1):160-162.

分析框架,以京郊 M 村为个案,通过对 M 村旅游拆迁和征地事件的深入描述,展示出县乡基层政府和村民权力主体间权力运作过程中的参与旅游策略。在对权力主体间的参与策略的运作过程进行描述的基础上,将在理论层面探讨三个问题:一是县乡基层政府和村民为何要参与到旅游中来(即权力主体参与旅游的逻辑)。从 M 村所属的 Y 县政府和 G 镇政府调查情况看,县乡两级政府都面临着"压力型体制"的约束,伴随着国家权力的下沉过程,县乡两级政府都面临着上级政府指派的各项发展指标,而这些发展指标完成与否往往和领导干部的年终考核联系在一起。为了尽快完成任务,多出政绩,县镇领导人的首要选择便是通过旅游经济的发展带动县镇域内经济总量的大幅度提升,并通过招商引资、加快生产要素流通来提高资金的利用率,以实现县镇经济的发展,在发展中解决各种指标的考核问题。从 M 村村民方面看,"生存伦理"和"利益驱动"的概念有助于我们理解 M 村村民参与旅游的原因。"生存伦理"是詹姆斯·斯科特针对东南亚农民的生存压力提出的概念,并特别强调了农民为了生存而参与集体行为的生存规则及道德含义[①]。铂铂金则提出了与"生存伦理"不一样的对农民参与的解释,即"理性选择",并认为农民参与必然是追求个人利益最大化,利益的驱动才是农民参与的根本原因,并进一步解释了农民参与集体行动为何会产生搭便车问题[②]。二是村民集体参与旅游的过程中遇到的困境。在西方社会,集体参与行动的困境在于时间和金钱,而这两点困境,在中国农村社会倒不大成问题[③],而"安全性困境",即村民在参与旅游过程中可能因为"得罪"基层政府而遭到各种打压与报复却成为阻碍村民参与旅游的主要障碍。三是基层政府与村民权力互动框架下社区参与旅游过程中的一些特征,如基层政府和村民互动策略、参与过程中的主动性、参与策略的有效性、参与双方达成协议的成本、参与过程的力量对

---

① 詹姆斯.C.斯科特.农民的道义经济学:东南亚的反叛与生存.南京:译林出版社,2000:1-43.
② 于建嵘.抗争性政治:中国政治社会学的基本问题.北京:人民出版社,2010(8):56.
③ 应星.草根动员与农民群体利益的表达机制.社会学研究,2007(2):1-23.

比、参与的逻辑和参与的困境等。

在村落内部权力结构研究中,本研究采用了体制精英—非体制精英—普通村民的三层分析工具,该分析框架注重精英的作用,尤其是非体制精英的作用,并关注三个权力主体间的权力互动中形成的结构特征①。本研究以京郊S村为个案,通过对北S自然村景区承包并购事件和南S自然村景区股份收益分配事件的具体文本分析,展现出体制精英(村干部)、非体制精英(村经济精英等)和普通村民权力主体间权力运作过程中的参与旅游策略,并在对权力主体间参与策略的描述基础上,将主要探讨三个问题:一是体制精英、非体制精英和村民参与旅游的逻辑。由于村干部(体制精英)拥有双重代理角色——既是国家权力在乡村社区的代理人,又是乡村社区全体成员的代理人②,因而这种中间角色为村干部事实上拥有旅游资源的控制权和决定权提供了可能。但仅实现对旅游资源的控制还是不够的,因为从长远看,掌控的旅游资源依然是不稳定的,这就需要一套制度系统保障这种控制权的延续,而村庄选举制度是村落旅游资源控制权力重新分配的重要环节。非体制精英是在村庄有一定政治社会影响力的村民,S村的南北两个自然村存在不同类型的非体制性精英。南S村非体制精英属于实力型精英,拥有丰富的景区管理经验。根据笔者的观察,其参与旅游的逻辑主要是基于村落内非体制精英实现自我价值的内驱力。而北S村非体制精英则属于农民利益的代言人,其参与旅游的动机可能是对于利益的追求,以及压迫性反应造成的。从普通村民的角度看,S村村民参与旅游的逻辑同M村村民参与旅游的逻辑一样,受到"生存伦理"和"利益驱动"的双重驱使。二是从村民参与旅游困境角度看,社区内部参与旅游的村民除面临安全困境外,可能更担心对"权力利益结构之网"的触碰。因为"权力利益结构之网"较之"政治化"和"合法性"困境

---

① 仝志辉,贺雪峰.村庄权力结构的三层分析——兼论选举后村级权力的合法性.中国社会科学,2002(1).

② 魏建,赵钱龙.中国乡村利益共同体的变迁及其影响——由均势到非均势.学习与探索,2008(2):156-161.

来说,更加紧迫和日常化①。三是三层权力主体间社区参与旅游过程中的特征,如参与的策略、参与主动性、参与有效性、各方参与力量对比、参与的逻辑与困境等。

在对两个村落考察的基础上,继续从权力的角度来分析两个村落参与各方的困境和对立冲突的权力性影响因素,并在分析影响因素的基础上凝练出提高参与能力的可行路径。最后,探讨与总结权力结构视角下各权力主体在旅游事件中参与的特点,并在此过程中比较旅游利益相关者理论、旅游增权理论同权力结构视角的理论的异同,提出在中国社会背景下旅游社区参与研究中关注权力结构的必要性和意义,并对权力结构视角下的旅游社区参与研究作进一步的理论探索。

二、研究方法

(一)社区研究法

本研究是一项社区研究。通过对村落这样的微型社区进行研究,透视中国农村社会生活的本质,是社会学和文化人类学研究的一种传统。通过进行微型社区研究,可以更好地透视社区参与旅游的轨迹。本研究选取了京郊两个典型旅游村落:M村和S村。对M村注重村庄社区外部权力结构分析,基于国家—社会权力结构分析框架,探讨社区参与旅游的各方面特征,如参与影响因素、参与策略、参与的逻辑、参与困境等;对S村则注重村庄内部的权力结构分析,采用体制精英—非体制精英—村民的三层权力分析框架,通过对南北S村两个自然村在同一权力结构框架下的比较分析,展示S村的三层权力结构中的参与旅游过程的特征,如参与的策略、策略的有效性、参与的力量、参与的主动性、参与的逻辑与困境等。通过对两个村落进行分析,进一步揭示权力结构视角下社区参与旅游各主体参与困境和对立冲突的成因,并提

---

① 吴毅."权力—利益的结构之网"与农民群体性利益的表达困境.社会学研究,2007(5):21－45.

出权力结构视角下社区参与旅游的路径,并在此基础上进一步进行理论上的探讨。

(二)资料收集方法

本研究主要采用以下方法收集资料:

1. 深度访谈法

深度访谈法是本研究收集数据的主要方法,采用该方法可以获得丰富翔实的有一定深度的一手数据资料。由于本研究涉及多个权力主体,而权力问题往往隐藏在行为和事件的背后,因此笔者通过与基层政府相关部门官员及一般工作人员、景区管理人员、村落的村干部、非体制内精英、村民进行深入访谈,充分利用获得的一手数据资料,进一步提炼出隐藏在权力结构背后社区参与旅游的实质性问题。

2. 文献法

一是通过查阅文献收集调查村落所属县、乡、村的与本研究有关的各类统计数据、文献和档案资料。这些相关资料,将有助于更为全面地了解和把握当地权力结构状况、社区参与旅游过程中的情况。二是借助于网络的搜索引擎,收集与调查地相关的文献资料,包括当地的研究文献、相关方面的新闻报道等。

3. 非参与观察法

主要观察村落的历史文化遗迹和当地民俗,包括村落中的庙宇、石碑等物质文化遗产的现状、保护和利用情况,以及村落的民风、民俗和当地人的生活方式。

第四节 调查村落的选取和概况

一、调查村落的选取

本研究之所以选取京郊 Y 县的 M 村和 S 村两个行政村,主要是基于两点考虑：

一是两个村落具备本选题所要求的典型特质。两个村落都位于北京市区东北部，M 村距北京市区 120 千米，S 村距北京市区 90 千米，属于北京 Y 县管辖。两村相距 30 余千米，地理位置接近，且自然环境优美，都属于同一县域内。M 村主要背靠 T 长城景区，S 村内有 R 和 J 景区，两村依靠景区都大力发展乡村旅游，属于典型的旅游村落。由于两个村落所依靠景区的开发模式不同，导致了两个村落不同的旅游发展模式。M 村域内的 T 长城景区于 1987 年面向社会接待游客，其开发模式采取外来企业开发模式，经营管理权长期掌握在外来公司手中，2006 年，Y 县政府正式收回 T 长城管理权。但无论景区是归企业，还是归当地政府管理，都导致了 M 村被动参与的旅游发展模式，村民没有对景区规划、发展和经营管理的决策权和监督权，没有景区收益的分配权，仅仅靠发展民俗旅游接待游客来获取收益。这种发展模式是一种低水平的、被动的依赖型的发展模式。而 S 村包括南北两个自然村，南 S 村有 R 景区，北 S 村有 J 景区，两个景区都是本村村集体组织开发的，南 S 村 R 景区采取了村集体资源入股的村民股份制的开发模式，这一模式保证了村民的利益，村民具有较充分的决策权、监督权和分配权。而北 S 村 J 景区则采取了村集体开发、个人承包经营管理的景区开发模式，虽然是村集体开发，但由于采取了个人承包的方式，导致了景区经营管理和收益权掌握在个别人手中，村民没有决策权、监督权和分配权，也属于被动的依赖型的发展模式。M 村和 S 村不同的旅游发展模式导致在不同权力结构下产生不同的参与旅游特征，而这也正是本书所要深入探讨的。

二是由于这两个村落离笔者居住地较近，交通方便，且相对比较了解。如前所述，M 村距北京市区 120 千米，S 村距北京市区 90 千米，且都位于北京东北部，有火车与高速公路与之相连，笔者几次调研都是乘坐火车去的。而且两个村庄都在同一条火车线路上，下了火车即是调查村落，交通住宿十分便捷。此外，笔者从 2008 年起曾几次去这两个村庄旅游，听村里人介绍过村中的情况,对两个村庄有一定的感性认识。笔者在调查过程中也得到了Y县相关部门的帮助,这也有利于笔者的田野调查。

由于在叙述过程中会涉及一些敏感问题,为了保护当事人的隐私权利,本书中访谈当事人的名字使用了字母或化名来代替,调查村落以及村落中的景区、村落所属县乡镇也用字母来代替。另外,基于这种考虑,本书中引用的一些参考资料也将不具体标明出处。

二、调查村落的概况

一是从两村的地理位置和自然条件看,M村位于Y县G镇域东部,西南距Y县城60千米,西距G镇政府15千米。M村属暖温带季风性半干燥气候,四季分明。M村地处T长城脚下,地势东北高,西南低。而S村位于Y县西北部境内,Y县水库西岸,是S镇政府所在地,距县城23千米,属浅山区,村东有京东铁路通过,该村背依W山,东临Y县水库,海拔高度为162米至170米之间。两村都位于山区,自然风景优美,旅游资源丰富。

二是从两村的经济发展水平看,M村共有502户居民,8个生产队。其中,第二生产队和第三生产队紧靠T长城景区,总人口1153人。村域总面积13平方千米。村中积极实施彩叶绿化工程。村林木覆盖率达86.69%,主要包括防护林、经济林、用材林3大类。M村以民俗旅游为主导产业,带动种植业、养殖业的发展。M村现有果树1250亩,49500株,主要有苹果、栗子、李子等。畜牧业以养殖业为主,水产养殖也有快速发展。形成了以民俗旅游为龙头,带动种植、养殖业和生态文明建设发展的新格局。2005年,该村被评为市级生态文明村。2005年以来,累计投入500万元,对村内3800平方米道路进行路面硬化;安装太阳能路灯370盏;修建一处600平方米的健身园;扶持200个村民户使用节能吊炕;对全村进行无害化改厕,让农民用上了水冲厕所,并推进垃圾分类,成立了10人组成的保洁员队伍等。在香草园和民俗旅游两大支柱产业带动下,2010年,全村人均纯收入13246.7元,比上年增长

46.8%,经济增长位于 G 镇第一。

　　S 村全村分为南北两个自然村,共有 329 户,625 人,90% 以上从事民俗旅游接待。该村山场面积达 7567 亩,耕地面积较少,板栗、核桃成为该村最大种植业。2006 年该村新建了观光采摘园 2 处,占地面积 1000 余亩;新建农贸市场 1 处,占地面积 8 亩。S 村有吊炕 220 个,太阳能热水器 310 台,太阳能路灯 114 盏,生物质炊事炉 307 个。基本上实现了新型能源利用,节约了大量的不可再生资源。2006 年 S 村被确立为 Y 县 6 个新农村试点村之一,在按照社会主义新农村建设的各项要求下,2007 年全村经济总收入 2960 万元,其中旅游综合收入达 2368 万元,占全村经济总收入的 80%,旅游业已成为该村主导产业,直接带动了农民致富。应该说,两个村落都以旅游业和种植业为主,两个村落耕地面积比较少,整体经济发展依赖旅游的程度较高。

　　三是从两村的旅游发展情况看。M 村有山、有水,有古老长城,有优美的自然环境。M 村以长城为依托,发展和扩大民俗旅游服务功能,使村民俗旅游业得到发展和壮大,解决了劳动力就业问题,提高了村民收入。M 村大力发展民俗旅游业,目前新建民俗农庄 9 个,个体民俗户 73 户,从事民俗旅游业人数 462 人,并成立了民俗旅游协会和香草园。在民俗旅游的带动下,M 村新建休闲渔业小区 6 个,柴蛋鸡养殖小区 2 个,为游客创造了集吃、住、垂钓、旅游休闲于一体的娱乐服务环境。而 S 村则背依 W 山,从 1995 年开始,南北两个自然村分别开发了 R 景区和 J 景区,从而开创了以景区带动民俗旅游发展的主要发展模式。该村有市级民俗户 63 户,县级民俗户 30 余户;在 R、J 两景区的工作人员共计 46 人。南 S 村的 R 名胜景区是全国较早地采取村民股份合作制的景区,以村集体资源入股,景区分红采取自然人和法人股份分红方式,全村村民共同掌握法人股份,自然人股份采取自愿入股原则。2011 年 R 景区股份分红比例为 200%,该景区成为 S 镇当地的亮点企业。

　　四是从两村的历史文化看。M 村是个历史悠久的村庄,村中有许多庙宇,传说此地出娘娘,故盖了许多娘娘庙和关公庙来镇住。而该村名字的来历有两种说法,一说与罗家坟有着密切的关系。罗家坟,据当地人讲是隋、唐时期罗艺及后人的墓场。据传唐初罗艺被斩,葬于此地。其部下王司马(罗艺所提拔的官吏)看破世道,甘愿为罗家世代守墓,一则为躲避乱世,二则以此报答罗艺的知遇之恩。当时,罗家趋于衰败,王司马能主动为罗家守墓,罗艺家人深受感动,并许诺这里罗家所属的土地可为王司马世代所用,后来此地便以王司马的名字来命名。一说据史志记载,明朝嘉靖年间,朝廷派大将司马化日驻守此处,击退来犯之敌后,对明代初期修建在此村的长城进行了加固。为纪念司马化日将军,人们将这段长城命名为"T长城",将村庄命名为"M村"。除了名字的来历,与M村紧邻的T长城也有许多历史和传说。T长城建于明洪武初年,后经戚继光将军和总督谭伦加固。它东起望京楼,西至后川口,全长5.4千米,敌楼35座,独具"险、密、奇、巧、全"五大特点,堪称万里长城的精华。著名长城专家罗哲文教授赞誉道:"中国长城是世界之最,而T长城又堪称中国长城之最。"关于T长城的传说也很多,如望京楼的传说和孟姜女哭长城的故事在当地流传很广。而S村的历史也可以追溯到明洪武年间,京北筑长城,属石塘路("路"为明朝军队团级建制)所辖,到嘉靖至隆庆年间,以土石修筑南北相对的两处守边营城,并于该地设关口,名为鹿皮关。应该说S村起源于长城修建,然而,昔日的营城现在早已不见踪影。在村落中调研期间,我发现村中没有祠堂、牌坊、寺庙等历史建筑,村中的房屋建筑大都充满着现代风格,到处可见民俗旅店的招牌,村委会斜对面的空地是村中人喜欢聚在一起聊天的地方。我曾去与他们聊天,问他们是否知道村子的历史,然而对村落这段历史村民却并不清楚,他们中的多数人仅知道村子形成于明代,至于具体形成时期、为什么形成并不清楚。在村中,唯一能够见证该村历史的是位于南S村和北S村之间的那段明长城,由于长年缺乏保护措施,长城年久失修。登长城一路走下来,感觉损毁情况比较严重,一些地方几乎无法看出长城的形貌,用"遍体鳞伤"一词来形容这段明长城的现状一点不为过。从两个村子的历史文化可以看出,两个村子的形成都与明长城的修建有关,但比较来看,M村存留的历史文化较S村更为丰富一些,M村村民的历史记忆也比S村村民要深刻。关于社区的历史文化记忆,本书在下章还要提及。社区的记忆将深刻地影响到一个村落的性质和权力结构。

本章小结

权力问题是乡村参与旅游发展过程中的本质问题。目前乡村居民在参与旅游发展过程中存在不同程度的冲突与矛盾,参与能力明显不足。虽然权力问题在乡村旅游发展过程中如此重要,但目前还没有专门从权力结构的角度来系统论述权力结构在乡村旅游中的权力运作与影响状况,以及探讨这一作用与影响下所形成的权力主体间参与旅游的特征、权力性影响因素与路径选择。本章首先提出选题的缘由,并对中外相关文献从社区参与旅游和村落权力结构两个方面进行了梳理,在此基础上提出了本书的研究思路与研究方法。在研究地点选择上本书选取了京郊Y县M村和S村两个村落社区作为典型个案,并分析了两个村落的自然地理、历史文化与旅游发展概况。

第二章 村落的权力结构

第一节 村落的权力结构的界定

权力是在社会冲突与社会整合的要求中产生的,而关于村落权力结构的研究一直是理论家们感兴趣的议题。金太军通过对中国村落权力结构文献进行梳理,指出中国村庄权力结构研究经历了两个高潮,第一次是在20世纪中叶以前,第二次是在20世纪80年代以后[①]。村落权力结构的生成和界定大体可以分成两个取向:一个是历史结构主义取向,这一取向的创始人物是马克思,马克思将权力视为经济关系中能够从根本上决定社会形态的一个面向,认为对稀缺物质资源的垄断能够使那些需要而没有这些资源的人们服从,整个社会是在经济关系的基础上建立的,而这一基础导致了一个统治阶级和一个臣服阶级这种二元的权力结构被建立起来[②]。费孝通通过对中国乡土社会的观察,提出了中国乡土社会权力来源于三个层面,一是源于社会冲突,二是源于社会合作,三是源于社会继替,并分别提出了横暴权力、同意权力和教化权力的乡土社会的权力结构[③]。费孝通虽然没有对权力结构的概念进行明确界定,但其用历史主义的视角来考察权力结构的范式却值得借鉴。

---

① 金太军.村庄治理与权力结构.广州:广东省出版集团 & 广东人民出版社,2008:9-10.
② 马尔科姆·沃特斯.现代社会学理论.北京:华夏出版社,2000:233-235.
③ 费孝通.乡土中国.上海:上海人民出版社,2006:49-56.

杜赞奇通过对华北六个村庄的调查，提出了"权力的文化网络"的概念，即指乡村社会中的政治权威体现在由组织体系和象征规范构成的框架之中，其中，"组织体系"包括市场、宗教、宗族等方面的组织和非正式的人际关系网，"象征规范"指各种组织和关系中为组织成员所认同的象征和规范。杜赞奇以"权力的文化网络"为基础，考察了20世纪上半期中国国家权力扩张对华北乡村社会权力结构的影响，并区分了赢利型经纪和保护型经纪两种权力类型[1]。张静运用历史结构主义的方法，通过考察中国乡村地方权威的授权来源的历史进程，指出了乡村权力结构以及村落内部的权力结构的生成问题。历史结构主义取向认为村落权力结构是国家社会权力互动过程中历史生成的问题，在研究内容上强调从宏观历史主义的角度考察权力的授权来源、本质和性质，以及权力结构的变迁的过程，这为本研究关于村落权力结构的界定提供了有益的启示。

村落权力结构界定的另一个取向则是实践主义取向，这一取向的创始人物是福柯。福柯并不赞成马克思权力二元历史主义取向，并从后结构主义的取向中提出了权力从不掌握在哪一个人手中，也不会积聚和被谁所占用，权力产生于行动主体间的作用中，产生于实践的过程中，并且福柯指出了权力的五个特点：一是权力是种种变动的不平等关系的一个面向；二是权力是包括非政治关系在内的所有关系的一个面向；三是重大的社会支配也根植于日常的关系当中；四是权力是一种有目的的、主观的关系；五是任何权力关系都包含有反抗[2]。福柯对权力实践性和日常性的认知为学界解释与界定权力的结构提供了思路。我国学者金太军在研究村庄治理与权力结构关系时，明确提出了村庄权力结构的定义，即村庄各主要权力主体之间模式化的互动模式，它集中体现在村庄各权力主体运用村庄内外各种资源的互动过程中，村庄的权力配置和各种权力之间相互位置是在治理过程中呈现的，也是在治理

---

[1] 杜赞奇. 文化、权力与国家. 南京：江苏人民出版社，1996.
[2] 马尔科姆·沃特斯. 现代社会学理论. 北京：华夏出版社，2000：245-248.

过程中不断再生产的,没有治理过程,就没有权力结构,因此,村庄的权力结构是权力实践过程中的结构①。金太军对权力结构的定义和福柯对权力的理解从本质上看有很大的相似性,都强调权力的实践性和潜在的动态结构性,突出权力的再生产性和日常性。

村落权力结构既有历史结构主义的生成本质与性质,也有结构主义的实践性和互动性特征,因此,本研究对村落权力结构的界定是基于村落权力结构历史生成的本质、权力来源,侧重于从权力主体实践的过程中考察村落权力主体的互动关系、权力结构特征,以及这一权力结构对村落的社区参与旅游过程产生的重要影响。具体可划分为国家—社会视角中的村落权力结构和村落内部视角中的权力结构。

第二节 国家—社会视角中的村落权力结构

一、国家—社会视角中村落权力结构的历史生成与变迁

马克斯·韦伯曾分析古代中国国家—社会的权力格局,即皇权统治"只施行于都市地区和次都市地区",而在其他地区"统辖权威的有效性便大大减弱,乃至消失"②。在中国,"三代之始虽无地方之名,然确实有地方自治之实,在隋朝中叶以降,直到清代,国家施行郡县制,政权延于州县,乡绅阶层成为社会的主导力量"③。可以看出,中国古代国家—社会之间的权力边界在于州县。张静认为,传统中国的权力结构分两个部分,一是上层中央政府,设置了一个从上而下的官制系统,二是底层的管制系统,由族长、乡绅或地方名流掌

---

① 金太军.村庄治理与权力结构.广州:广东省出版集团 & 广东人民出版社,2008:21.
② 马克斯·韦伯.儒教与道教.南京:江苏人民出版,1993:110.
③ 吴理财.民主化与中国乡村社会转型.天津社会科学,1999(4):75-79.

握。这种权力结构的特点是"双轨政治"①,即"地方权威控制着地方区域的内部事务,他们并不经由官方的授权,也不具有官方的身份,而且很少和中央权威发生关系,这事实上限制了中央权威进入基层治理",中央与地方的权力运作过程中,"经过各级人员的变通处理,帝国秩序并不能真正触及地方管辖的事务,双方都默认并谨慎对待管制领域的边界,除非基层无法处理的事务才上达官方"②。值得说明的是,在中国古代乡村社会中,地方虽然与国家缺少直接联系,但并没有实现农民的自治,"所谓乡村自治,不过是乡绅之治,或用现代的话语来说,是精英政治"③。

近代中国从鸦片战争开始,随着现代化因素的引入,农村士绅阶层不断挤入城市上流社会,一些豪强、地痞、恶霸乘机占据了底层权力中心,导致了农村底层管制系统的动摇与瓦解,中国古代政治中的"双轨政治"就此消失。民国时期,乡村权力结构最显著的变化就是行政权力由县级下沉到乡镇级,而在乡镇之下设置保甲制度,形成了国家与社会的权力分割在乡镇的格局。但由于这一权力格局无法真正有效地深入乡村社会,中央政府又难以对乡土社会进行彻底的改造,从而导致一方面地方政府愈来愈依靠地方土豪劣绅来完成税赋和保安任务,致使地方恶霸势力增长,与国家分庭抗礼;另一方面,土豪劣绅势力利用国家的强制权力随意压迫村民,导致社会矛盾激化,地方治理力量逐渐成为"赢利性经纪",很难保护村民,村民的自治更是无从谈起。

新中国成立后,通过土改运动,农村与国家之间建立了密切的联系,国家将政权建立在乡一级基础上,但国家的行政权力却延伸到村落之中。国家通过派土改工作队进村组织农民土改,培养了一批拥护党领导的农民积极分子,使其成为乡村的实际领导者。在人民公社时期,国家建立了"三级所有,

---

① 费孝通. 费孝通文集. 天津:天津人民出版社,1998:125.
② 张静. 基层政权:乡村制度诸问题. 上海:世纪出版集团 & 上海人民出版社,2007:18.
③ 姚洋. 自由、公正和制度变迁. 郑州:河南人民出版社,2002:67.

队为基础"的人民公社权力结构。在这一权力系统中,国家权力与社会权力高度统一,传统士绅阶层被打倒,形成了政社合一的单一权力结构格局。这一时期的权力结构特征使国家高度集权,国家的权力边界实际上达到了村社组织一级,而村社以下的生产队也要接受国家权力的支配,这导致了国家社会的一体化。然而,这种国家社会一体化的做法,并没有导致国家意志在乡村社会的落实,相反,它动摇了国家权威的合法性,并导致了乡村治理的困难。在人民公社时期,乡村基层国家干部的谋取私利行为和不合法行为都被冠以"国家意志",这些行为影响到国家权威在乡村村民中的合法性。同时,国家长期从农业提取资源支援工业的做法,导致农业发展的动力严重不足,粮食减产、农村失去活力、农民生活水平低下,国家与农村之间矛盾积累严重,国家对乡村社会治理成本提高。

20世纪80年代初,随着我国家庭联产承包责任制在农村的推进,乡政村治体制逐渐建立。所谓"乡政村治"体制,指乡镇按照国家行政权力的运作方式组成农村最基层的一级政权,乡镇以下则按照居民居住地区设立基层群众性自治组织——村民委员会,办理本居住地区的公共事务和公益事业,调解民间纠纷,协助维护社会治安,并向人民政府反映群众意见、要求和建议[①]。虽然乡政村治体制这一过程始于农民的自发创造,具有一种诱致性的制度变迁过程[②],但其政治上的合法性还是受国家政权的大力推动,并以法律的形式固定下来。1982年12月《中华人民共和国宪法》第一百一十条规定,"城市和农村按居民居住地区设立的居民委员会或者村民委员会是基层群众性自治组织",将农村社会政治与国家行政政治区别开来,说明农村社会不再是一个行政化的基层单位。1983年10月中共中央、国务院发出《关于实行政社分开,建立乡政府的通知》,明确规定在农村建立乡政府,政社必须相应分开。

---

① 金太军.村庄治理与权力结构.广州:广东省出版集团 & 广东人民出版社,2008:50.
② 唐兴霖,马骏.中国农村政治民主发展的前景及困难:制度角度的分析.政治学研究,1999(1):51.

并强调"村民委员会是基层群众性自治组织,应按村民居住状况设立"。1987年11月,全国人大通过了《中华人民共和国村民委员会组织法(试行)》,其中第二条规定"村民委员会是村民自我管理、自我教育、自我服务的基层群众性自治组织,办理本村的公共事务和公益事业,调解民间纠纷,协助维护社会治安,向人民政府反映村民的意见、要求和提出建议",并指出"镇的人民政府对村民委员会的工作给予指导、支持和帮助"这一关系,而不是领导关系,明确了国家政权与基层农村组织之间的区分。2010年10月,修订后的《中华人民共和国村民委员会组织法》颁布实施,该法律指出村民委员会是村民自我管理、自我教育、自我服务的基层群众性自治组织,乡、民族乡、镇的人民政府对村民委员会的工作给予指导、支持和帮助,但是不得干预依法属于村民自治范围内的事项,村民委员会协助乡、民族乡、镇的人民政府开展工作。明确了村委会与乡镇政府之间的权力边界,从而奠定了乡土社会中的国家权力与村庄自治权力结构格局。国家通过构造这样的权力格局,希望能够增强乡村社会的自治能力,提高农村社会的自我发展能力,降低农村社会与国家的交易成本,然而,这一权力结构格局在实践中仍存在困境。国家从法律上规定了国家与社会之间的组织边界,但现实问题是国家的组织边界虽然在乡镇一级,但县乡基层政府对社会的干预却没有减少,在某些地方反而强化了[1]。另外,村庄自主性地位虽然增强了,但村庄的自治权力却并没有给村民带来普遍的公共利益,相反,资源的支配权集中在少数人手中,村庄的状况没有改善,有时变得更糟,村民有时需要借助国家的力量来改善目前的状况[2]。村落面临这样的权力结构困境进而导致了社会治理的困境。

---

[1] 金太军,王运生.村民自治关系对国家与农村社会关系的制度化重构.文史哲,2002(2):151-156.

[2] 张静.村庄自治与国家政权建设——华北西村案例分析//黄宗智.中国乡村研究(第一辑).北京:商务印书馆,2004:209-214.

二、国家—社会视角中的权力主体

要界定国家—社会视角中的权力主体,我们首先需要梳理一下国家与社会的含义。郑卫东通过对国家概念的梳理①,整理了国家与社会含义的四个层次:一是作为"State"的国家和相对应的社会;二是作为政府组织层面的国家与社会;三是作为政府机构公务人员行为体现的国家和社会;四是跨时空记忆关联的观念层次的国家与社会,对国家概念的理解不同,社会的含义也在变化。在对"国家"与"社会"含义的理解中,我们需要注意的是"国家"和"社会"这两个概念并非是实体性兼均质性的概念,"国家"可以分不同的层面。米格代尔(Migdal)将"国家"从上而下分成了四个层面,分别是最高决策中心、中央政府、地方政府和执行者,并指出:"当我们问国家的自主性的时候,我们更应该询问的是在哪个层面是自主的,因为不同层级所面临的压力是不一样的②。"而在与"国家"相对应的"社会"领域,"社会"也并非是均质的。黄宗智通过对华北和长江三角洲不同的土地占有形态的分析,探讨了不同的家族力量和结构对于村庄权力的影响③,王铭铭④从政治人类学的视角分析了乡村社会内部民间权威兴起和村庄传统复兴,仝志辉和贺雪峰按照经济社会分化水平与社区记忆的强弱,把中国农村划分为四种理想类型,并构建了村庄权力结构的"体制精英—非体制精英—普通村民"三层分析工具⑤。上述研究都说明了村庄社会内部并不是实体均衡的,而是分化为不同的层次和力量。

---

① 郑卫东. "国家与社会"框架下的中国乡村研究综述. 中国农村观察,2005(2):72-79.
② Joel S. Migdal. Strong Societies and Weak States: State – Society Relations and State Capabilities in the Third World. Princeton, New Jersey: Princeton University Press, 1988, prologue, P16-17.
③ 黄宗智. 华北小农经济和社会变迁. 北京:中华书局,2000;黄宗智. 长江三角洲的小农家庭与乡村发展,北京:中华书局,2000。
④ 王铭铭. 村落视野中的文化与权力. 北京:生活·读书·新知三联书店,1997.
⑤ 仝志辉,贺雪峰. 村庄权力结构的三层分析——兼论选举后村级权力的合法性. 中国社会科学,2002(1).

本研究对国家与社会概念的理解基本认同郑卫东关于国家和社会划分中的"作为政府组织层面的国家与社会"这一观点。其中,"国家"主要指各级政权组织及其正式制度组成的政府系统,简单来说包括中央政府及各部门和地方基层政府及各部门,中央政府包括国务院及所属部委,各省及直辖市政府及各部门,以及地级市政府及各部门。而县和乡镇级政府则属于地方基层政府。而与政府部门相对应的则是"社会"领域,主要指村民自治的村庄场域,简单来说主要包括村两委及村中普通村民。在下一章中,本研究将以京郊M村为例,基于国家与社会权力结构视角对M村旅游拆迁征地事件中权力主体间参与旅游的特点、逻辑与困境成因进行分析,而在事件中涉及的国家和社会领域的权力主体也主要为县乡基层政府及各部门、村两委、普通村民。为了突出国家与社会两个主体,也为了研究分析的简化,我们以"县乡基层政府及各部门"来代表国家,用"县乡基层政府"来表示国家这一权力主体。而将"村两委和普通村民"简化为社会领域,我们在文中统用"村民"来表示这一权力主体。

三、国家—社会视角中M村权力结构特征

(一)县镇基层政府对村落自治权力的权力化经营与运作

作为京郊的一个村落,M村的权力结构呈现出国家(以县镇基层政府为代表)对村落自治的干预与支配特征,主要表现在如下两个方面:

1. 县政府对村落集体土地资源的干预与支配

对于Y县政府来说,其对村落土地资源的行政获取是其对村落自治干预的典型表现,因为《中华人民共和国宪法》、《农业法》、《土地管理法》、《村民委员会组织法》等法律均明确规定了农村土地归农村集体所有,这意味着农村土地是由村集体来支配与经营管理的。然而实际操作中,县政府往往以"新农村建设"等公益名义对村庄的集体土地进行征用。在M村,县政府为了引进旅游投资,以"新农村建设"的名义征地,然而实则是土地的商业开发,政

府运用各种手段使村民拆迁并"被同意"征地①,从中我们可以明显看出县政府的权力对村落集体土地资源的支配过程。实际上,M 村的征地并非 Y 县的个别现象,笔者通过调查发现,从 2009 年至 2011 年三年间,Y 县政府发布征用土地公告 8 项,涉及 Y 县 4 个村庄,仅 2011 年就发布公告 5 项,涉及 M 村在内的 3 个村庄。而上述被征用土地的主要用途就是建设住宅、旅游设施用地、行政办公用地。表面上看是为了公益,实际上政府多是与企业合作,并非将征用土地用于公益。这与《土地管理法》中关于国家为了公共利益的需要进行征地的相关规定是相违背的。而至于县政府采取该做法的原因,应该说从主观上看,基层政府的初衷是好的,是为了加快当地新农村建设,推动地区经济发展,发展区域休闲旅游产业,改善村民生活条件和水平,但在实际操作过程中,由于客观上基层政府面临地区"保增长、保民生、保稳定"等一系列地方财政压力,导致基层政府普遍存在土地获利的冲动。有数据显示,近 10 年来,随着我国各地土地出让金的持续攀升,全国土地出让收入占地方财政收入的比重,已经从 2001 年的 16.6%,上升到 2009 年的48.8%,2009 年土地出让收入为 14239.7 亿元,增长 43.2%。而且土地出让收入在地方财政收入中的比重也有可能进一步上升②。上述的数据也表明了出让土地已经成为我国地方政府的重要地方财政来源。如果没有土地,就没有各种投资项目,地方财政将面临重大打击,那么,"在能力有限,财力有限,责任无限"的地方基层政府看来,一切稳定和发展将无从谈起。从理论上讲,改革开放以来,对于一个基层政权来说,目前最大的变化是作为一个独立利益主体的彰显③。琼(Jean)④则在对中国地方政府行为进行经验分析的基础上提出了"地方法团

---

① 县乡政府对 M 村的具体拆迁与征地的整个事件详细经过请参看第三章的内容。
② 林劲榆. 土地收入占地方财政近五成, http://www.cnstock.com/index/gdbb/201101/1124346.htm.
③ 吴毅. 基层官民关系新动向. 人民论坛,2009(7).
④ Jean C. Oi. The Role of the Local State in China's Transitional Economy. The China Quarterly:Dec. 1995,144:1132 – 1149.

主义"理论,认为地方政府具有企业的许多特征,地方官员完全像一个董事会成员那样行动,并将这种政府与经济结合的新制度形式称为地方法团主义,政府与企业相互融合与嵌入的格局可以推动地方经济发展。无论作为一个独立利益主体或地方法团,基层政府将追求地方可支配收入作为自己的主要目标,正因为要追求经济发展的政绩,导致其自身的行为往往带有功利性质,即一切以经济发展为中心,以利润为目的,并通过利润来解决发展中存在的各种问题,体现自己的政绩。个别地方治理的过程也往往变成对资本和资源的权力化经营与运作过程。因此,对于Y县政府来说,通过占有村民的土地,化解发展中的各种矛盾,达到自己的目标,则是"顺理成章"的事情。

2. 镇政府的行政任务硬性指派

如果说M村对县政府来说更多地意味着对村中土地的热情与冲动,那么M村对G镇政府来说更多地意味着村干部如何完成各种行政任务与指标。对于镇政府来说,由于其处于国家权力体系的最末端,其主要的作用在于执行上级的各种行政指令与任务,在这种"压力型体制"①下,乡镇干部的年终考核,以及其政绩与升迁都有着严格的指标规定,如果完成不了各项指标任务,则面临着"一票否决"的压力。2011年G镇政府的工作重点有五项:一是加大旅游项目的宣传和推介力度;二是推进观光农业建设,打造农业品牌;三是加大招商引资力度,落实重点工程;四是做好环境整治工作,建设美丽和谐新农村;五是坚持"以民为本",推动社会各项事业发展。以上五项工作大体可以概括为三个层面的工作,一是要促发展,二是要做好环境保护和维稳工作,三是要保民生。此三方面工作的完成情况都关乎每一位镇干部的考核和政绩,任何一方面工作都不能出问题,而这三方面工作的完成与否又直接与镇域内各个村干部完成任务的情况密切相关。在M村,一名村委会干部②对我

---

① 荣敬本,等.从压力型体制向民主合作体制的转变:县乡两级政治体制改革.北京:中央编译出版社,1998.
② 访谈的村干部为女性,46岁,负责村中公共卫生和计划生育等工作,访谈时间为2010年3月。

说:"现在镇里派下的任务特别多,都必须在规定时间内完成,尤其是环境工作、治安维稳和人口管理等任务突出,一年到头村干部的工作基本上就是镇里开会和完成镇里下派的任务,只能将有限的时间用来考虑村庄的事情。"当我问其"为什么一定要完成镇里的任务?村干部的主要任务应该是负责村务的自治与管理"时,这名村干部则对我的说法表示不同意,她说村民自治不应该是村民自己管理自己,而应该是在党和政府的领导下,完成政府的任务和村里的事情,两者实际上是一回事。这名村干部的自治说法也确实说出了M村的村治现状。实际上《村委会组织法》虽然规定了镇与村之间是指导与被指导的关系,但这不意味着乡村可以脱离乡镇进行完全的自治,实际上镇政府和镇党委依然能够对M村两委施加很大的影响,主要通过四条途径来实现:一是通过新农村建设项目。应该说,社会主义新农村建设本身是国家在农村中落实科学发展观的重大举措,实质是使农村经济、政治、文化全面发展与全面进步,而落实该政策往往意味着政府通过各种途径给村庄下达各种政策与拨款,在镇政府层面,镇政府拨给每个村多少款项和政策倾斜程度的标准就在于村干部平时完成镇政府指令的情况,这极大激励了村干部参与镇政府工作的热情,这也是上述M村村委会干部认为应该完成镇政府下派的工作原因之一。

"其实完成镇政府的任务就是完成村民自治的任务,因为只有完成了政府派给你的工作,政府才信任你,给你各种政策和建设资金,扶植咱们村搞发展,否则不给政策和不给资金,我们闷头搞自治,还是一样贫穷。"(HCY14,女,46岁,大专,M村委会干部)

二是通过发放村委会主任和村党支部书记工资来直接影响,通过让村主任和村支书享有镇政府公职人员待遇,间接影响村两委;三是通过镇党委对村党支部的有效领导,而村党支部要领导村委会,就建立起了镇干部领导村两委干部的直接联系;四是通过明确村级干部岗位职责管理来实现村的实际管理,通过制定统一的岗位职责和评价指标,进而通过指标体系细化考核村干部,并由镇党委对最终评审结果审核,镇要对村干部给予相应的经济上的、精神上的、政治上的奖惩。对于工作成绩突出的,村干部会获得一定的奖金、奖状、荣誉称号,甚至被晋升为乡镇干部;对于任务完成得不好的,乡镇政府就会通过一定的程序调整或免去其村干部的职务。这样,通过目标责任的签订、落实和兑现等程序,镇对村就实行了有效的指导,对村的发展有重大影响作用。

(二)村落内部村干部"权威性"权力的扩张

由于农业生产资料的集体所有性质,而村政权又是集体公共利益的代表,因此,村政权干部便可以名正言顺地经营管理与支配村中各项公共资源。有时村干部利用这些支配资源的权力并不是为了公共利益,而是将这种权力建立在自我利益基础上。在 M 村,村干部也确实有一些公共政绩,2005 年,该村被评为市级生态文明村;2005 年以来,累计投入 500 万元,对村内 3800 平方米道路进行路面硬化;安装太阳能路灯 370 盏;修建一处 600 平方米的健身园;扶持 200 户使用节能吊炕;对全村进行无害化改厕,让农民用上了冲水厕所;推进垃圾分类,成立了 10 人组成的保洁员队伍等。然而,上述公共政绩的另一面却是某些干部利用权力为自己和亲属、朋友谋取利益。最常用的做法是利用对村集体资源的发包和分配权力,把公共资源承包给自己或亲属。

"前些年村中修河坝,上面给拨了几十万元工程款,我想承包一段,去找村主任,送了礼,他说可以考虑,后来村主任将这工程包给了他弟弟,没我什么事情。2010 年初村中承包果园。按照生产队划分,我们队有 300 多亩果园,分成两块地,一块 180 亩,一块 120 亩。我找生产队长,跟他说我想承包队中的 120 亩的果园。他说这个果园大家都想承包,他很为难,准备找村中代表和党员投票决定。投票的结果是我们队中的一名村代表得了这 120 亩的果园,因为这名村代表是村大队书记的亲戚,而村生产队长自己得了 180 亩的果园。后来有人向镇里反映这些情况,镇里也没有动静,他们官官相护,有利益是不会想着老百姓的。"(ZXH1,男,41 岁,初中,从事民俗旅游接待)

除了利用对集体资源的发包和分配权,对上级拨款拨物的占用也是村干部利用权力谋取私利的重要途径。

"我们村书记和主任权力很大,他们干了什么我也不清楚,村中的香草园挣多少钱,从来就没我什么事情,能入香草园合作社的人都是和他们有关系的人,反正没有我们什么事情,这个合作社从来没有给我分过钱。上面每年搞新农村建设,修路、建路灯、装摄像头、环保等给我们村子也拨了不少钱,但这些钱能有多少用在建设上老百姓不清楚,他们(村干部)在中间肯定拿了不少。像我们家搞民俗接待,我们想申请县市民俗户,但书记和主任却不同意,说我们不够资格,而跟他们熟悉的人却够资格。每年市里和县里给民俗户发的冰箱、消毒柜、床单等东西都没有我们的。其实,这些东西我在几个村干部家里都看到过,他们有的没搞旅游接待有这些东西,我们搞旅游接待的反而没有。"(LYX9,女,33岁,初中,从事民俗旅游接待)

对于 M 村来说,村庄的自治权力却并没有给村民带来普遍的公共利益。主要原因在于村庄的支配权依然掌握在少数人手中,而这少数人掌握的支配权本质上属于一种"权威性"权力,这种权力的根本特征便是村干部利益与广大村民利益的分离,而这种利益分离的延续能够形成主要依赖于村干部的权力来源日益依赖于上级的支持,而非依赖于村民的承认。虽然表面上村干部是通过村民"海选"选出来的,选出的干部应该代表村民利益,但实际上,我国农村村干部候选人提名与选举存在严重的路径依赖,加上村干部贿选、村落人情关系,导致了选举制度成为村干部公共资源控制权延续的保障系统,而与村委会选举制度相似的是,村党内选举制度也同样存在候选人提名与选举中的路径依赖[①]。因此,在利益分离的结构下,村干部集团"成为一个独立的、专权的团体。它不必考虑其权威地位和社会利益的一致性问题,因为它的权威无须依赖社会授予;也不必考虑建立社会监督以补充国家监督的问题,因

---

① 刘圣中.村委会候选人产生过程的政治内涵——古坪村选举的观察与解读.江西师范大学学报(哲学社会科学版),2007(6):57-63.

为它从不怀疑自己代表着社会利益"①。

第三节 村落内部视角中的村落权力结构

一、村落内部视角中的村落权力结构历史生成与变迁

古代中国社会,村庄精英没有体制精英和非体制精英的区分,村庄治理主要是由那些没有正式职位和上级授权,也不经由村民选举,而是由村庄自然产生的,如宗族头人、宗教领袖、乡村士绅等来完成的。宗族头人、宗教领袖、乡村士绅成为了地方实际统治者,由于这些地方统治者往往有普通村民不可及的资历、家产、声望和势力,所以这些士绅也就自然地成为了农民的中间人,其可以帮助农民抵御地方官吏的各种捐税,同时官府也要依靠其完成各种任务,乡村士绅成为了介于农民与官府之间的中间层。即便是有正式的保甲、里甲组织存在,其负责人也与乡村民间精英关系密切,他们并无什么权威,是职役制度的产物②。鸦片战争以后,由于农村士绅精英人物从乡土社会的大规模的流失,导致一些豪强、地痞、恶霸乘机占据了底层权力中心,乡村士绅变成了土豪劣绅,变成了独霸一方的地痞豪强,这些土豪劣绅无法代表农民,但却不断侵占农民的土地和利益,导致了农村底层管制系统的动摇与瓦解。民国时期,国家权力强行进入农村社会,为了加强对底层社会的控制,乡镇之下实行了与清末不同的保甲制制度,即保甲长采取任命的方式产生,其职权来源于乡镇政府的授权,村级体制精英由此而生,并且因之而出现了体制精英与非体制精英的分化。新中国成立后,特别是在人民公社体制下,强有力的意识形态压力和政社合一的组织形态使得村庄几乎所有权力都被

---

① 张静.基层政权:乡村制度诸问题.上海:上海人民出版社,2007(1):43.
② 赵秀玲.中国乡里制度.北京:社会科学文献出版社,1998.

掌握在体制精英手中,非体制精英缺乏基本的影响能力。20世纪80年代初,随着我国家庭联产承包责任制在农村的推进,农村原有人民公社组织网络体系丧失了存在的基础,国家权力逐步退出农村,市场因素逐步渗入乡村社会,促使村庄开始发生深刻的经济社会分化。"一方面,意识形态强约束的解除,为村庄传统精英的出现和传统文化的恢复提供了空间,在许多地区特别是南方农村普遍出现了诸如传统回潮、宗族重建的情况;另一方面,随着市场经济的逐步渗入,经济社会分化加剧,一些人较其他人拥有了更多的经济社会资源,他们开始填补体制精英影响力减弱后出现的村庄秩序中的空白。"[1]这样,村庄便出现了体制精英与非体制精英,他们与普通村民构成了村庄的三层权力体系。

二、村落内部视角中的权力主体

体制性精英与非体制精英的区别主要在于其权力来源的不同。体制精英的影响力来源于正式授权,获得国家政权体系的认可;而非体制精英的权力不是来源于政府的正式授权,而是来源于村落的历史文化、宗族亲属关系和利益联系。体制精英与非体制精英对普通村民具有一定的影响力。而普通村民在村落社会中对他人的影响力很小,远远不如体制精英和非体制精英那样对别人有影响力。在本研究所调查的S村中,体制精英主要指村两委和村组干部,他们在村落中实权在握,有国家的正式权力作为依靠,承担村庄的治理重任。根据笔者的田野观察,在S村,非体制精英主要包括三类,第一类是强势精英,如R景区董事长兼总经理张义兴。张义兴是典型的村落非体制精英,早年的各种干部经历以及景区管理经验为其积累了丰富的人脉,可以说在景区经营管理方面有自己的一套经验,R景区的成功,与他有密不可分的关系。他较早地提出了景区股份合作制的想法并付诸实践取得了成功。张

---

[1] 仝志辉,贺雪峰.村庄权力结构的三层分析——兼论选举后村级权力的合法性.中国社会科学,2002(1).

义兴60岁退休后创立R景区,年过古稀之年仍坚持经营管理景区,他的事迹还被媒体所报道。像张义兴这类精英少而强大,在村落中的影响力很大,甚至在与村中体制精英的较量中都占优势。第二类是中间型精英,介于强势精英与普通村民之间的非体制精英,他们在村域内也有一定的威望,但比较分散,不如强势精英强大。大多有过外面经商或村内从政的经历,有的还是党员,他们的人际关系网络相对于普通村民较为广泛。这类精英在S村比较多,但较分散,往往不能形成合力,容易被体制精英所控制。第三类是维权精英,指的是在村民维权抗争活动中起到组织和领导作用的村民。在北S村中,村民昌安在景区并购事件中不断向镇里反映情况,一些村民就选他为上访代表,而成为了一名维权精英。他们在村民中也具有一定的影响力①。上述三类非体制精英在S村旅游参与事件中产生了重要的影响。普通村民则指在村中对他人影响力小或没有影响力的村民,他们在村中人口中占大多数,单个村民虽然对别人的影响力小,甚至没有影响力,但如果村民集合起来集体行动则对村中的精英和政府还是具有一定的影响力的,有时还可以占据一定的主动性。因此,普通村民也是村落内部权力结构中的权力主体。

三、村落内部视角中S村权力结构特征

仝志辉和贺雪峰依据社区记忆强度和经济社会分化程度的不同情况,将村落分成四种理想类型②(见表2-1)。A类村落中,因为经济社会分化程度低,村落传统的社会精英诸如宗族精英或宗教领袖在村落享有权威,他们往往成为村中最为重要的非体制精英,其中一些人还被选为村组干部。B类村落因为低经济社会分化和弱社区记忆,往往缺乏真正在整个村域范围具有影响力的非体制精英,那些影响力有限的非体制精英具有"细小且分散"的一些

---

① 村民昌安因J景区并购事件而代表村民上访的事件经过参见第三章内容。
② 仝志辉,贺雪峰.村落权力结构的三层分析——兼论选举后村级权力的合法性.中国社会科学,2002(2):161.

特征。C类村落因经济社会分化程度高,其非体制精英是一些拥有较多经济社会资源从而具有较大影响力的经济能人,这些经济能人具有与体制精英相竞争的实力。D类村落则不仅有经济能人,而且有传统权威,有时传统权威与经济能人合一,就成为了所谓"实力型精英",这些实力的村落精英很可能充任村落体制精英,但这要看他们的兴趣以及他们的数量。下面我们来看一下S村的村落性质。

表2-1 四种类型的村落划分

	经济社会分化程度低	经济社会分化程度高
强社区记忆	A	D
弱社区记忆	B	C

(一)S村的村庄性质

1. 村落的社区记忆

"社区记忆"一词是我国学者贺雪峰在研究中国村落性质的划分时提出的概念[1]。所谓社区记忆,就是由村落内部全体或部分成员共享的村落历史,也是村落过去的传统对当前农村社会的影响程度和影响途径。社区记忆主要是通过公众人物口述历史、祠堂、牌坊、寺庙、族谱、派性斗争,以及宗族活动等方式流传。若村落传统历史(指中国古代历史,到辛亥革命为止)依然对村落生活产生着影响,则认为该村落仍处于传统之中,我们认为该社区记忆强;而若新近的历史(指新中国成立后的历史)对当前村落产生着影响或村落不受新近历史影响,一般认为该村落是缺乏社区记忆的[2]。徐晓军认为社区记忆的研究一直存在两条不同的研究路径:一条就是以西方汉学家、人类学家弗里德曼为代表的西方学者的研究,该路径强调将非洲宗族模式和中国宗族组织相比较,进而寻找中国乡村社区记忆的特点;第二条路径就是试图通

---

[1] 贺雪峰.村落精英与社区记忆:理解村落性质的二维框架.社会科学辑刊.2000(4):134-140.
[2] 同上。

过对中国本土的发掘来发现中国乡村社区记忆的特点,这一研究的代表人物有费孝通、吴文藻和林惠祥等人。徐晓军通过对上述两条路径关于社区记忆研究的纵向历史进行考察,认为中国乡村社区记忆经历了四个阶段,这四个阶段社区记忆的特点可以概括为社区记忆力从强到弱、社区记忆的丧失从被动转向主动、社区记忆丧失的动力从政治权力转向市场力量、社区记忆的功能从认同转向功利①。关于社区记忆对社区的影响,贺雪峰认为:社区记忆强的村落,村民的交往密切,村落舆论发达,村民更看重自身的行为是否得到村落内部的承认;而社区记忆弱的村落,村民之间联系松散,村民不太注重在村内建立事功与声誉,而将自己的生活朝向社区以外,不太关注社区以内的事情②。王建民则认为社区记忆的缺失将会使社区意识淡薄、社会资本微弱而举步维艰,因此,物质资本、人力资本和社会资本的有机统一将有利于开展社区建设、培育社区意识、重建社区记忆③。吴理财则提出乡村社区记忆、社区认同、社区参与和社区的社会资本几个概念之间存在高度的正向关联。总的来说,社区记忆越强,社区认同也越强,社区认同感越高,社区成员越乐意为社区尽义务和责任,则社区参与程度越高,村民间互动生产出社区的社会资本,产生共同价值观,并最终形成社区文化,进而培育社区记忆④。综上所述,村落社区记忆对社区产生了重要影响。近年来,我国乡村旅游发展迅猛,但在乡村旅游社区,各权力利益主体间纠纷与冲突却日趋严重,社区内部社区意识淡薄、社区认同感与文化缺乏,进而导致乡村旅游可持续发展能力严重下降,社区参与的能力匮乏。而按照上述关于社区记忆的内涵界定和影响分析,S村应该属于典型的弱社区记忆型村落。

---

① 徐晓军. 转型期中国乡村社区记忆的变迁. 宁夏社会科学,2002(1):52-56.
② 贺雪峰. 缺乏分层与缺失记忆型村庄的权力结构——关于村庄性质的一项内部考察. 社会学研究,2001(2):68-73.
③ 王建民. 去单位化、社区记忆的缺失与重建——资源枯竭型城市社区建设的社会学分析. 甘肃社会科学,2006(6):50-52.
④ 吴理财. 农村社区认同与农民行为逻辑. 经济社会体制比较,2011(3).

S村的历史可以追溯到明洪武年间,京北筑石城长城,属石塘路("路"为明朝军队团级建制)所辖,到嘉靖至隆庆年间,以土石修筑南北相对的两处守边营城,后按方位称南S村与北S村,并于该地设关口,名为鹿皮关。应该说S村起源于长城修建,然而,昔日的营城现在早已不见踪影。在村落中调研期间,我发现村中没有祠堂、牌坊、寺庙等历史建筑,村中的房屋建筑大都充满着现代风格,村中到处可见民俗旅店的招牌,在村口处可见到几名妇女不断地询问游客是否需要住店。村委会斜对面的空地是村中人喜欢聚在一起聊天的地方,我曾去与他们聊天,问他们是否知道村子的历史,然而对于村落这段历史村民却并不清楚,他们中的多数人仅知道村子形成于明代,至于具体形成时期、为什么形成并不清楚。村中几位老人跟我说,在民国时期村中曾有营城遗址、观音庙和山神庙,后来在战乱中被毁坏,在文革期间彻底被拆除,好多村民都把拆营城和拆庙的青砖搬回家盖房子。在村中,唯一能够见证村中历史的是位于南S村和北S村之间的那段明长城。由于长年缺乏保护措施,长城年久失修。登长城一路走下来,感觉损毁情况比较严重,一些地方几乎无法看出长城的形貌,用"遍体鳞伤"一词来形容这段明长城的现状一点不为过。村中有两个大姓氏,分别是"郭"姓和"任"姓。据调查粗略统计,"郭"姓30余户,"任"姓20余户,两个姓氏共有50余户,约占全村总户数的六分之一,两个姓氏的村民均认为自己是当年守边营城军官的后代。当我问他们是否有族谱或家谱时,很多村民说自己从来没有看到过族谱或家谱,但他们大都还是说有,但不知道在谁的手中。除了这两个姓氏外,村中还有很多其他姓氏,但这些姓氏的村民迁入时间和迁到村中的原因都很复杂。我曾问过村中"张"、"王"、"牛"、"孙"、"刘"等姓氏的村民,他们有的说自己也是当年守边官兵的后裔,有的说自己的祖先是清代从别村来到这里的,还有一位"牛"姓83岁老人说自己是新中国成立后从山西来到这里投奔亲属而定居在此的。应该说S村的姓氏构成比较复杂,且分散,大都没有族谱和家谱。我曾查阅《Y县志》,试图找到关于S村的历史文化和姓氏的相关记载,然而县志除了有一点关于石城长城及村落行政变迁的记载外,对S村的历史基本没有记载。从社区记忆的内涵看,S村的历史对村落影响很小,村民对本村的历史不太关心,对家族的事情也不在意。当我向村民问及其族谱和家谱的事情,一些村民回答,"现在都什么时代了,要那个东西也没什么用","家谱都是老皇历了,现在哪家还有呀"。村落文化与历史的断裂、传统家族组织的衰落造成了村民在社区中不太注重别人的评价和自己的声誉,人际关系变得理性化。随着市场经济的利益倾向的渗入和现代传媒的广泛传播,S村村民视野变得广阔,利益成为人们行动的基本准则,利益关系成为构成人际关系的重要标准。在S村,村民之间的关系往往体现在利益上,在村干部选举过程中,村民更多地考虑干部能给自己带来的好处,而村干部当选也主要是为了经济上的考虑。

除了选举过程中村民与村干部的利益关系,村民之间的关系也表现出了利益化倾向。在接待游客的过程中,民俗户之间有时为了争抢游客而相互吵架。笔者在S村调研期间就遇到过这类事情。两个民俗旅店的妇女为了让两名游客住进自家的旅店,而在村口大吵起来,最后游客离开了,两人仍争吵不休,旁边的几个村民在一旁看热闹,丝毫没有劝架的意思。社区记忆的弱化使村民之间的联系松散,传统的地缘和血缘关系逐渐淡化,村民之间已经越来越少地考虑在村中的声誉与面子问题,传统的村庄权力文化关系不断衰落,取而代之的是村民之间的权力利益关系①。

2. 村落的经济社会分化程度

按照仝志辉和贺雪峰的理解②,村落经济社会分化即指村落内部的经济社会分化。贺雪峰总结了当前农村社会分层的基本特征,即当前农村社会分层中经济因素越来越重要,传统的土地、权力、声望,以及改革开放前以阶级

---

① 贺雪峰. 论村级权力的利益网络. 社会科学辑刊,2001(4):52-56.
② 仝志辉,贺雪峰. 村庄权力结构的三层分析——兼论选举后村级权力的合法性. 中国社会科学,2002(1).

身份为基础的社会分层已经不复存在。随着市场经济在农村社会的渗透，凭借拥有资源的多少而不是自我意识来影响村庄的政治格局，已经成为农村社会的基本特征①。因此，村落精英尤其是非体制精英掌握经济社会资源的多少成为影响农村经济分化程度的重要标准。一般地，非体制精英掌握的资源越多，说明村落经济社会分化程度越高，反之，则越低。S村分为南北两个自然村，两个自然村分别为单独经济核算单位，两个自然村的集体资源归各自村生产队经营与管理。南北两个自然村分别拥有R景区和J景区，两个景区于20世纪90年代中后期开发，但两个景区的产权性质却不一样。南S村的R景区以农民股份合作制的形式开发，村民是景区的法人股东，董事长兼总经理是本村人，但并非村干部兼任，这一景区资源开发模式使村中的非体制精英，尤其是经济精英迅速崛起。张义兴以其个人经历和广泛的人际关系成为村中的实力型精英，在村落中的影响力很大，甚至在与村中体制精英的较量中都占优势。而北S村的J景区以个人承包的形式开发，承包人就是本村的生产队长李山，这一景区承包模式使村中体制精英，即生产队长李山掌握了景区资源，而村中的非体制精英、普通村民之间经济分化并不明显，村中缺乏与体制精英相抗衡的经济精英，村中仅仅存在弱小型精英，他们在村域内也有一定的威望，但其影响力有限，而且较分散，故这些非体制精英无法形成政治合力。综上所述，按照非体制精英掌握村庄经济资源程度的高低，南S自然村应属于经济分化程度较高的村庄，而北S自然村则属于经济分化程度较低的村庄。

(二)社区记忆和经济社会分化下的S村的权力结构特征

依照上述S村村庄性质划分，南S自然村应属于弱社区记忆、经济分化程度高的村落，而北S自然村则属于弱社区记忆、经济分化程度低的村落。按照社区记忆强度和经济社会分化程度的不同，仝志辉和贺雪峰划分了四种不同

---

① 贺雪峰.村庄精英与社区记忆:理解村庄性质的二维框架.社会科学辑刊,2000(4):134-140.

类型的村庄,并分析了每种类型的村庄中体制精英、非体制精英与普通村民之间的权力结构特征,其一般结论是"非体制精英与普通村民之间关系的稳定性,往往就决定了村庄权力结构的稳定性;体制精英与非体制精英达成协议(交易)成本的高低,大致决定了村庄正式权力运作的效力;而体制精英与普通村民关系的紧密还是松散,大致决定了村庄权力结构的内敛或外向"[①]。

表2-2 仝志辉和贺雪峰划分的四种类型村庄权力结构的特征

	A类村庄	B类村庄	C类村庄	D类村庄
非体制精英与普通村民关系的稳定性与强度	稳定、强	不稳定、弱	不稳定、强	稳定、强
体制精英与非体制精英达成协议的成本	低	高	低	高
体制精英与普通村民关系的紧密性	紧密	松散	松散	紧密
村庄权力结构特征	稳定且运作高效的内敛型村庄权力结构	高度不稳定且运作低效的外向型村庄权力结构	不稳定但运作高效的外向型村庄权力结构	高度稳定且运作高效的内敛型村庄权力结构

资料来源:仝志辉,贺雪峰.村庄权力结构的三层分析——兼论选举后村级权力的合法性.中国社会科学,2002(1).

北S村的权力结构应属于仝志辉和贺雪峰所划分的B类村庄的权力结构类型,这类村庄的特点如下:弱小型非体制精英与普通村民之间的关系不太稳定,并且非体制精英因为人数较多,没有哪个精英在与村民的关系中建立起广泛的影响能力,也很难与体制精英达成任何真正有效的协议,因为总是有一些非体制精英对体制精英不满,又总有另一些非体制精英乐于在与村庄体制精英的交往中获取利益。同时,村庄的体制精英与普通村民的关系较

---

① 仝志辉,贺雪峰.村庄权力结构的三层分析——兼论选举后村级权力的合法性.中国社会科学,2002(1).

为松散,一方面是由于体制精英难以从村民中获得有力的支持,另一方面是因为非体制精英也往往无法构成对体制精英的制衡,体制精英更愿意充当乡镇在村庄的代理人,借以从乡镇获得自己的政治经济资源。

南S村的权力结构应属于仝志辉和贺雪峰所划分的C类村庄的权力结构类型,该类村庄的特点如下:非体制精英与普通村民之间的关系虽然可能不很稳定却大多是强有力的,能够在一定程度上保护村民,由经济社会分化而产生的真正具有影响力的非体制精英并不太愿意将其生活面向村内,因为村庄的弱社区记忆缺乏实现自我价值的内驱力,非体制精英可以大大降低与村庄体制精英达成协议的交易成本。村庄的体制精英与普通村民之间的关系较B类型村紧密。该类村庄由于社区记忆的弱化,导致体制精英当家人的意识不足而代理人的意识强烈;该类村庄非体制精英与村民的关系不稳定,但联系性强,非体制精英的精英意识和在村中的影响能力都较B类村中弱小型非体制精英强大,他们更有能力表达村民利益,阻止村庄体制精英的不良作为。

本章小结

村落权力结构的界定可以从两个取向来观察,一是历史结构主义取向,该取向认为村落权力结构是国家社会权力互动过程中历史生成的问题,在研究内容上强调从宏观历史主义的角度中考察权力的授权来源、本质和性质,以及权力结构的变迁的过程。而另一个取向则是结构实践主义取向,强调村庄各主要权力主体之间模式化的互动模式,权力结构是权力的实践过程中产生的结构,该取向强调权力的实践性和潜在的动态结构性,突出权力的再生产性和日常性。本文认为村落权力结构既有历史结构主义的生成本质与性质,也有后结构主义的实践性和互动性特征。因此,村落权力结构的界定在村落权力结构历史生成的本质、权力来源的基础上,侧重于从权力主体实践的过程中考察村落权力主体的互动关系、权力结构特征,以及这一权力结构对村落的社区参与旅游过程产生的重要影响。具体可划分为国家—社会视角中的村落权力结构和村落内部视角中的权力结构。从国家—社会视角中看 M 村权力结构,其特征表现在县镇基层政府对村落自治权力的行政干预,具体为县政府对村落集体土地资源的干预,以及村落内部村干部"权威性"权力的扩张。从村落内部视角看 S 村权力结构,主要以村落社区记忆和村落的经济分化程度为村庄性质的划分标准,南 S 自然村属于弱社区记忆、经济分化程度高的村落,而北 S 自然村则属于弱社区记忆、经济分化程度低的村落。具体从村庄权力结构的外向性、村庄权力结构的稳定性、村庄权力结构的运作效力三个方面来衡量村庄权力结构的特征。依据仝志辉和贺雪峰划分的四种类型村庄权力结构,南 S 村应属于 C 类村庄的权力结构类型,即不稳定但运作高效的外向型村落权力结构;而北 S 村则属于 B 类村庄的权力结构类型,即高度不稳定且运作低效的外向型村落权力结构。

第三章 国家—社会权力结构视角下旅游事件的社区参与分析

第一节 M村旅游拆迁与征地事件的背景与过程

一、拆迁与征地事件的背景

M村位于G镇域东部,距Y县城60公里。该村地处于被誉为"中国长城之最"的T长城脚下,且紧邻景区,一些村民甚至就住在T长城景区内。该村共有502户居民,8个生产队,其中,第二生产队和第三生产队紧靠景区,总人口1153人,院落393套。M村共有民俗户73户,其中市级民俗户12户,县级民俗户39户,该村从事民俗旅游业人数462人,主要经营着饭店或者民俗农家院,靠招揽景区的游客为生。此外,由于M村民俗旅游的发展,村中出现了6家小型超市,部分村民还在景区周边和景区内卖各种土特产品,此外还有一些村民在景区内从事环保、保安等工作,间接带动了当地村民的就业①。由于T长城的名气,每年到T长城游览的游客络绎不绝,在夏季时饭馆和民俗农家院全都爆满。然而好景不长,2010年6月,T长城景区突然关闭,村民们被告

---

① 根据笔者2010年和2011年三次田野调查资料整理。

之将进行新农村建设,村民的房子要拆迁,土地被收回征用,村中的土地被 Q 公司用来作旅游商业开发。此后到 T 长城的游客骤减,村中的民俗旅游生意惨淡,随后县镇政府介入旅游开发的全过程,一场政府主导的旅游开发项目在政府与村民的博弈较量中拉开了序幕。

二、拆迁与征地事件的过程

2010 年 6 月上旬,村民们突然接到了 T 长城管理公司(全称"北京 T 长城旅游工贸公司")书面通知书。上面写着"鉴于 Y 县 G 镇 M 村新农村建设将于 2010 年 7 月正式启动,由于 T 长城景区位于该区域的核心位置,为确保工程的顺利进行及施工期间广大游客的人身安全,T 长城景区决定自 2010 年 6 月 17 日暂停营业,停止接待游客,同时景区内所有商户停止经营,并于 6 月 17 日前撤出景区"。通知印章上写着"北京 T 长城旅游工贸公司"。

6 月 18 日,村民收到了来自县政府的公开信,信的内容是劝导他们尽快搬迁。据信内所示,M 村被列为本市七条沟域经济开发项目,属于 G 镇汤河沟域项目。信中提及 2010 年 5 月,Y 县政府与 Q 公司达成合作意向,决定深度开发 T 长城旅游综合项目。信中还表示,T 长城资源一直苦于缺少资金投入,没有综合团队进行开发经营,长城资源不能有效利用,本次开发将着力于解决这一问题。北京青年报记者报道了 6 月 19 日 T 长城关闭 3 天后的村中农家院的经营情况:

"T 长城景区外,集中密布着超过 50 家农家院,长城被关闭后,这些农家院的财路也被截断。景区外的香溢园民俗饭庄的老板介绍,自景区关闭三天来,他们的生意量锐减,中午 12 点,空旷的大厅内只有两桌顾客,而在去年的同一时间,到这里吃饭还需要排队等位。相比于这里,不在道路边的农家院甚至 3 天来连一位顾客都没有。对于这种状况,很多农家院纷纷上网发帖招揽游客,称可以私自带游客进入已被封闭的 T 长城。"

随着 T 长城景区停止营业,村民经营的多家餐饮店也变得生意惨淡,在餐馆与旅店打工的大批外地打工者撤离。6月22日,G镇政府和村委会通知村民,该村将进行新农村建设,而该建设的具体内容村民却并不知晓。

"景区关闭后不几天,便有评估公司的人来到村里,并在村委会和镇政府人员的指引下,进入每户丈量宅基地面积。我们询问时,评估人员并没有说出为什么丈量面积,只说是"摸底",再往下问,他们就说不知道,政府让他们来测量的,有事问政府。大家那会儿都不知道要进行什么新农村建设,也不知道将搬离该地。我曾问过村干部,这新农村建设是建设什么,村干部只说政府给我们盖了新房子,全村要搬迁,我再问具体的补偿标准,他说让我等通知。"(ZXH1,男,41岁,初中,从事民俗旅游接待)

也在6月22日当天,Y县政府办公室便在一天内连续发布两个红头文件,即关于成立M村拆迁工作领导小组和搬迁工作指挥部的通知。两个通知详细安排了乡镇干部和村委会干部在拆迁工作中的分工,体现了县政府充分调动了各方力量的能力,在新农村建设的名义下,成立了拆迁工作领导小组与指挥部,安排详细、周到,为后面的工作开展铺平道路。为了使这次拆迁任务顺利完成,县委、县政府专门开会要求各工作组统一口径,严格按照责任要求执行,谁出现问题谁负责。

6月25日,县镇领导在M村召集村民开会,20多位县镇领导参加大会,会议由村支部书记主持,会议正式告知村民将搬迁,吴副县长将拆迁目的和补偿的标准告诉村民,并说明了这次拆建的意义在于"这次搬迁的顺利完成,将为汤泉香谷沟峪经济建设、为Y县建设'绿色国际休闲之都'、为进一步发展休闲旅游产业打下坚实基础"。同时,"这次搬迁也是为民谋福利的好项目,村民迁新居、扩大村民就业、提高村民的收入水平和生活质量",并希望广大村民积极配合,早日完成拆迁。该搬迁涉及M村内8个生产队共502户村民。村民的宅基地,包括村民承包地在内的大部分村集体土地,将被流转至该村经济合作社,后者再将土地出租给镇政府。同时,政府部门将在该村7队集中建设安置房。安置房将建在距离景区约三四公里的地方。安置房分为板楼和别墅，村民可根据实际需要进行回购。而耕地则由政府回租，Y县县长助理介绍了拆迁和土地回租补偿标准：

"村民回购价格从每平米1000多元到2000多元不等。法定的宅基地面积内，每平米补偿标准为2000元，超出法定面积的，则给予每平米300元或600元的补偿；地上物的房屋会有额外补偿。而对于耕地方面，由政府全部回租，水浇耕地一亩每年2000元，非水浇耕地一亩每年150元到1500元不等。"

7月14日，该村已有部分村民签订搬迁补偿协议。但也有部分村民拒绝签字，其中，第二、三生产队的百余户居民中，有过半居民未签字。为此，县镇政府加大了村民房屋拆迁工作的力度。

7月23日，历时50天的T新农村建设搬迁工作"圆满完成"。为了表彰T新农村建设搬迁工作中政府工作人员、村干部及村代表的"攻坚克难的优良作风"，8月1日下午，Y县政府在雾灵山庄召开T新农村建设搬迁工作总结大会。会议号召全县上下再接再厉、一鼓作气、奋发图强，以T新农村建设搬迁工作为新的起点，做好Y县各项工作。

村民的房屋拆迁工作只是完成整个旅游开发项目的第一步，下一步的工作就是如何将政府回租的土地征用。2011年2月25日，在村民事前不知情的情况下，村委会贴出了征地公示，公示内容称经G镇M村村民代表民主决议，G镇M村委会与北京市土地整理储备中心Y县分中心协商，就GBSZ国际休闲度假旅游区土地储备项目征收土地问题达成征地补偿安置协议，该项目拟征用M村集体土地1025.97亩，并列出了10类拟征用的土地，补偿标准为6万元/亩。公示称，如对方案有意见，自张贴日起5个工作日内，可以向Y县国土分局提出具体意见，否则视为放弃权利。

面对突如其来的变故，村民的内心充满了不安和无奈，他们作为T长城修造者的子孙，世代生活在这片熟悉的土地上，他们对这片土地充满着感情，为了守护住自己的家园，他们几乎求助于所有前来游玩的游客。2011年7月份，笔者在拆迁的村中见到几个村民。在访谈中，几个村民说："你是城里来的,你替我们向上面反映反映,实在太欺负老百姓了,我们不想搬迁,不想卖地。""你一定要替我们反映,他们这么做是要断了我们以后的生活,我们没有了房子和土地,以后景区也靠不上了,我们都不知道能干什么。""他们给的补偿费用太低了,而且好多人都不同意,但没办法,村委会和政府不考虑村民的意见,拆迁和征地的事情我们都不太清楚,好多人是被迫才签字的,我们现在真的是没人管了。"为了保障自身的权利,从2010年7月份开始,村民便自发地组织起来,利用上访、上告等多种手段维护自身权益。

应该说,县镇基层政府参与旅游事件的初衷是好的,借北京市发展当地的沟域经济的时机,通过引入Q公司的旅游投资项目,加大当地新农村建设力度,推动地区经济发展,发展区域休闲旅游产业,改善村民生活水平。但在执行该村新农村建设过程中,由于县镇基层政府急于求成,力图在最短的时间内拿到旅游项目所需要的土地,没有征集村民对该项目的意见,单方面制定了操作的程序与拆迁补偿标准,导致拆迁征地过程中运用的手段策略、程序、方式和方法均出现了问题,引起了当地村民的反感和对抗,导致县镇政府和村民之间展开了对立的博弈,各自在实践中运用不同的参与策略,而这些参与策略充分体现了权力主体间权力运作过程和参与的特征。下面我们将具体介绍两个权力主体的参与旅游的策略。

第二节 县镇基层政府在拆迁与征地事件中的参与策略

一、新农村建设下的旅游商业项目开发

县政府的旅游开发项目是以"新农村建设"的形式进行的,对M村"新农村建设",县政府的解释是为了解决劳动力就业,招商引资,实现新农村建设、旅游商业开发、发展沟域经济三者联动。

"我们进行的是新农村建设工程,也是按照市政府的规划,发展该地的'沟域经济',主要目的是为了解决水库北部地区的劳动力就业。在集中搬迁后,政府会利用腾退出来的地,进行招商引资。此举是以搬迁带动开发,开发的收益再用以支援新农村建设。实现新农村建设、发展沟域经济与旅游商业开发三者联动。"

"Q公司GBSZ项目是集发展沟域经济、进行新农村建设、发展休闲旅游产业三位一体的好项目。县委十一届十次全会确定了到十二五期末把Y县建设成为'绿色国际休闲之都'的发展定位,把休闲旅游产业作为Y县的战略性支柱产业。T景区项目是新农村建设最关键的一步棋,也是最早的一步棋,这个项目搬迁的顺利完成,为汤泉香谷沟峪经济建设、为Y县建设'绿色国际休闲之都'、为进一步发展休闲旅游产业打下了坚实基础,开创了Y县搬迁工作的新格局。锻炼了、检验了、培养了、涌现了一批优秀干部,为M村的村民干了一件大好事。有关部门要对搬迁工作取得的经验进行认真梳理和总结。"

对于县政府的"新农村建设"一说,村民并不买账,并对"新农村建设"项目提出质疑:

"如果以新农村建设名义要求搬迁,那么这些补偿款以及安置房的政策,我们并不是不能接受。但是如果目的是商业开发,为了让我们搬迁,却打出新农村建设的名义,集体搬迁补偿款就很低,政府要给我们一个说法。"(FJH2,男,29岁,中专,从事民俗旅游接待)

"如果是商业拆迁,应该让村民与开发商共同协商,而不是强制,我们被迫接受。"(LYX3,女,33岁,初中,从事民俗旅游接待)

在政府主导的拆迁工作进行了一个月后,一些村民表示,他们始终未见过关于搬迁的手续或文件,只是看见了在村内张贴着经过测量的各户宅基地面积,以及搬迁的补偿标准。面对质疑,Y县县长助理说,该处目前正在进行的是新农村建设工程,经过了北京市政府批准。新农村建设不同于商业拆迁,不需要"拆迁许可证"之类的证件。但越是这样,村民越怀疑政府拆迁的目的性。

"我觉得就是商业开发,但偏要扣上一个新农村改造的帽子,试问真正需要改造的又何止 T 景区一个,其中的利益让人怀疑。"(FJQ4,男,49 岁,小学,农民,经营小商店)

二、拆迁过程的"软硬兼施"策略

为了能够尽快完成这次拆迁任务,县镇政府采取了"软硬兼施"策略。硬策略是"威慑"策略,而软策略则是"奖励"策略。这两种策略其实是一种相互依存、互为背景的关系。一味地"软"则毫无意义,达不到权力行使的目的;而仅仅依靠强制性手段,尽管可收一时之效,但却会对权威形象造成损害[①]。而"软硬兼施"策略则可能相辅相成,既能体现出政府权力的权威性,又能根据实际情况进行变通,这实际上体现了基层政府在执行权力过程中的非正式化运作过程。但在策略执行过程中,由于人员任用上的问题,以及方式方法选择不当,不但没有达到策略的效果,还造成了政府与村民之间的矛盾加深,关系紧张。

(一)"威慑"策略

从村里搬迁开始,县政府为了确保顺利完成拆迁任务,加强村民大会拆迁动员的效果,使村民配合拆迁工作顺利进行,联合乡政府、县公安局、县法院、县审计局等40多个部门的力量分成7个小组下到村子里面。每个小组配有村两委成员,以及公安局和法院的公务人员,他们站在通往村委会的各条路上,遇见村民,就向村民宣传拆迁政策,并要求他们在协议上签字,要求村民配合政府拆迁工作,而多数村民往往犹豫不决。

为了进一步加强拆迁力度,县镇政府雇佣了多家建筑拆迁公司,这些公

[①] 孙立平,郭于华."软硬兼施":正式权力非正式运作的过程分析//清华社会学评论·特辑.鹭江出版社,2000.

司调集了100多名统一着装的光头黑衣男子和130多名统一穿着制服的保安,而为了维护拆迁工作的稳定,镇政府则从镇里抽调30多名民警来维持秩序,但这些人员在执行任务过程中,在村子里四处走动,上述人员的出现,给村民带来了不小的压力,村民都不敢随便走动。

上述事件激起了村民的愤怒与不安,引起了媒体的注意并进行了相关报道,对此县长助理向媒体进行了解释,说明此举是保障搬迁过程中的稳定和村民安全,防止盗抢和其他威胁村民人身安全事件的发生,但村民却并不认同这一说法。

虽然对村民进行了各种形式的拆迁动员,但村民却并不买政府的账。为此,镇政府领导决心限时完成拆迁任务。

"我被任命为负责四队和五队动迁的副组长,村两委干部都被任命为各动迁队的副组长,当时拆迁工作进展不太顺利,镇领导很着急,给我们各动迁组开会,要求10日内务必完成拆迁任务,并要我们动迁组每个人立军令状,尤其是党员,完成任务有奖励,完成不了任务,镇干部就没有年终奖金,并扣工资,村干部也一样。为了完成这个政治任务,大家只能硬着头皮强行拆迁,村民对我们意见很大,其实采取那样的方式我们村干部和镇干部心里也是不太同意的,都是乡里乡亲,今后怎么见面呀,但带队的副镇长态度很坚决,告诉我们必须完成任务,我们也只能这么办了。"(WDG15,男,37岁,村两委委员)

7月14日,M村二三队村民仍然有一半以上未在拆迁协议上签字,为了更进一步加快拆迁进度,县镇政府在M村醒目位置贴出多份通告,警告拒不拆迁的村民"将对不听从规劝、干扰工程进展的人采取行动"。截止到7月24日,县镇府在村两委的配合下,经过不断的宣传和向村民施压,"威慑"策略起到了一定的效果,一些村民在这种紧张的压力下终于坚持不住了,签了字。

(二)"奖励"策略

县镇政府运用"威慑"策略虽然震慑住了多数村民,但还有一些村民仍然拒不签字。这些人往往是"刺头"和"蛮不讲理"的村民,政府的"威慑"策略对他们无可奈何。为了对付他们，政府又用上了"奖励"策略，在拆迁政策外给予这些村民以拆迁现金奖励。下面是某户村民描述的该镇马副镇长对其所采取的"奖励"策略。

"在村拆迁中，我和弟弟及婶家共有一套祖辈留下的四合院，我们不怕他们，就是不签字，拆迁办的领导（镇政府马副镇长）对此院的拆迁态度是这样的：当天上午他和几个人来到我们院子，第一次对我们说：'此院拆迁如果在7月18日前完成，奖励5万元，由你们三户共同分配。每个院只能奖励5万，不能按户奖励。'并让我们考虑一下。当天下午他见我们没有同意，于是第二次说：'你们三户确权完成，共同把同意拆迁的字都签了，可以每户奖励5万元。'这样我们三户的奖励总额为15万元，比上午说的就多了10万元，但他说前提是我们三户要全部签字同意拆迁，不然他忙着呢，没时间等着。没过10分钟，我婶家同意签字，见我和弟弟还是不想签字，他第三次又说：'同意拆迁的可以先签字，就给他5万元奖励。'旁边的人直接拿出五沓现金，交给我婶家的人，叫他在拆迁协议上签字，看来他们是有备而来的。听这领导说话的口气，意思是我们不同意的以后再说吧。这时候，旁边的村主任冯××过来跟我们说：'只要有一户同意也能拆你们的房，到时候真拆了你们就领不到这笔奖金了，你们怎么那么傻呀，还是见好就收吧，咱们镇里可不是对谁都这么客气的，你们运气好，赶上了马副镇长带队，要不你们哪能得到这笔奖金，快签了吧！'旁边的人也劝我们，我和我弟弟一商量也就签字了，我拿到了5万元奖励。后来，我听村里人说，政府给有的人家奖励的比我们还多，这奖励怎么还不一样呢！（ZZJ8，男，初中，43岁，从事民俗旅游接待）

政府的"奖励"策略往往是通过多给村民户"拆迁奖励"达到使村民同意拆迁的目的。当然，并不是对所有的村民都会给这种"拆迁奖励"，"拆迁奖励"的给与不给，给得多与少，往往是根据签字拆迁的早晚来定的。上述马副镇长对某村民采取的"奖励"策略是根据该村民户属于拒不签字的"刺头"，"威慑"策略对其没有用，只好以利益"激励"其同意拆迁。村民鉴于自身的弱势地位,也只能"见好就收",但让村民没有想到的是,相信政府也会被欺骗,和政府对抗到底才能获得更多的赔偿。上述案例中村民 ZZJ 事后发现拒不签字,坚持的时间越长,"奖励"就越大,但是真正能坚持到底、拒绝签字的村民是没有几个的。

此外,"奖励"策略具体用到每个村民的身上也有区别,"奖励"的多少往往根据村民是否有"把柄"握在政府手里。

"政府要求我们村住户配合搬迁,前来动员的人员第一次来说土地表面积补偿标准为 600 元一平方米,住宅 2000 元一平方米。其余别的什么都不说。而且我们家 3 口人已经不再是农村户口了,已外出工作和上学。宅子是当年分家时候得到的财产。我们家是村里拆得比较早的,政府没跟我家说有拆迁奖励,拆迁的人还跟我们说:'你们家这种情况(非农户口)应该补偿标准低一些,看你们家积极配合政府工作,就不计较了。'我们当时还很感激政府呢!"(HJY10,女,41 岁,初中,在 Y 县城工作)

三、征地过程中的策略

(一)征地前的"迂回"策略——土地回租

随着拆迁工作的展开,土地征地工作又提到了县镇政府的工作日程中来,为了减少与村民间的对立与冲突,县镇政府没有直接向村民动员征地,而是采取了"迂回"的策略,通过"新农村建设与改造"的方式要求全村所有村民将自家承包的所有土地(除承包的山林地外)全部回租给村经济合作社,由县政府给予村民以土地租金补偿。从县镇政府的角度看,这一做法是一个两全其美的方法,既给了村民补偿,政府又得到了其想要的土地,减少了与村民间打交道等不必要的麻烦,也为以后正式征地提供了方便。但在实际操作过程中,县镇政府和村委会却绕过了全体村民,在村民不知情的情况下由村代表"通过"了土地流转方案。

"我是三队的村代表,6 月 25 号县镇领导在 M 村召开村民大会宣布进行新农村改造后，我接到了村委会的电话，告诉我晚上在村委会召开村民代表大会，讨论土地流转的问题，要求必须参加。晚上 8 点我到了村委会，发现有四五位上午开会的县镇领导，上午讲话的吴县长、乡长和副乡长也都在，村委李××拿过一个签到单让我签字，我一看，算我才到 11 个人，我村 40 多个村代表，才到四分之一的人。我看见村书记和村主任正忙着给村代表打电话让他们过来开会。我听村主任冯××给一个村代表打电话说：'你要是来不了，你就留下口头意见，标准是水浇地一亩每年 2000 元，非水浇地一亩每年 100 元到 1500 元，看地的好坏，这是政府的好政策，不用种地就拿钱，同不同意你们三队土地流转村里？'冯××接着说：'你家的地可以提高一个标准。'最后那个代表同意了，冯××让他明天一早过来签字。到晚上九点多，才来了 13 个村代表，后来镇长急了，命令司机去村里接代表过来。到晚上 10 点多，陆续来了十多位代表，早来的一个代表实在坐不住了，表示回家考虑一下第二天给答复，乡领导不同意，让他就在村委会中考虑，有意见就提，就是不让回家。后来，吴县长给我们开了会，意思和上午开村民大会时说的差不多，收回的地将出租给 Q 公司用于建设旅游项目。让我们村代表相信政府，支持政府工作，并让我们对土地流转村里的租金标准提意见。一些代表觉得标准太低，镇长说他们请评估公司核算过了，给的补偿标准比种地合算，并表示对地上物也请评估公司给予补偿，土地测量评估结束后，从 1 月 1 日算起给补发租金。后来，政府的人就拿来会议记录，让我们签字，不签字不让离开，有些代表就签了。我觉得标准太低，现在什么都在涨价，有地总不用买一些东西，没地的话就靠这点钱不好干什么，而且回去后也怕村民说我闲话呀。后来县长又来做工作，保证全村人今后都有工作，到了那个份上我们不签也不行了，大家就都签了。"（LWY11，男，38 岁，高中，村民代表）

村代表连夜签字的事情村民并不知晓，7 月初，村里通过村扩音喇叭告诉村民要开展新农村建设项目，村民代表大会已经做出决议，将村民承包的土地全部流转给村里。村民们听到消息后很是不满。

"村代表都不是我们选出来的,是村书记和主任指定的,他们怎么能代表我们的想法,书记主任这么说他们就这么做,就是走个形式,想要我们的地,还不和我们商量,这是侵占我们的权利,是不合法的。"(FJQ4,男,49岁,小学,农民,经营小商店)

"这个事情我们村民绝大部分都不知晓,而且给的租金标准太低,我家就2亩多的地,一年租金下来就三五百元钱,够干什么呀?我一年种树、栽果挣一万多元没问题,这是断我们的生计呀!"(LYX9,女,33岁,初中,从事民俗旅游接待)

面对村民对村民代表大会决议合法性的质疑,县政府的解释则是"承包土地的流转,是经过了多数村民同意之后做出的决定。在这个问题上,村民中赞成的人数达到了60%多"。

政府的上述做法表面上符合《中华人民共和国村民委员会组织法》[①](以下简称《村民组织法》)的相关规定,但实际上按照我国《村民组织法》第二十四条规定,在涉及到村民重大利益的问题上,需经村民会议讨论决定方可办理,比如征地补偿费的使用、分配方案、土地承包经营方案等很多方面,村民代表会议可以讨论决定这些事项,但前提是"村民会议的授权",这个"授权"不是村支书与村委会主任授予的,也不是县镇政府授予的,而是全体村民授予村民代表大会的。但在上述土地回租事件中政府以村委会的名义在不征求全体村民意见的前提下召开了村民代表大会,上千亩耕地在很多村民不情愿的情况下被回租,政府部门从中插手,村民代表大会中的代表多是"被"自愿同意的,因此这次村民代表大会在程序上是有问题的。

(二)镇政府征地过程中的"未雨绸缪"

征地前的村民土地回租策略是县镇政府整个征地过程的第一步打算,也

---

① 1998年11月4日第九届全国人民代表大会常务委员会第五次会议通过了《中华人民共和国村民委员会组织法》,2010年10月28日又修订通过了《中华人民共和国村民委员会组织法》,本文引用的该法内容为修订后的版本。

是最重要的一步。当土地掌握在村经济合作社手中的时候,下一步的工作就是如何将"租地"变成"征地",而要实现这一步,关键的问题是如何让村民同意征地。因为按照《村民组织法》第二十四条和《土地管理法实施细则》①第二十五条规定,征地补偿费的使用、分配方案需要经过村民大会听取村民的意见。为了让村民"同意"征地,县镇政府依然采用上述土地回租时使用过的策略,以村委会的名义在不征求全体村民意见的前提下召开了村民代表大会,这次为了使村民代表更积极地"支持"政府完成征地工作,县镇政府吸取了上次土地回租签字过程中村代表"不积极配合"的教训,为确保征地工作顺利完成,政府"未雨绸缪",做了"充分的准备"。

首先,树典型,传经验,做动员。县政府以召开M村搬迁工作总结大会为由,将Y县下属各乡镇的主要干部召集起来,于8月1日召开了"M村新农村建设拆迁工作总结大会",大会表彰了村党支部书记和典型"优秀村代表",并让他们在总结大会上做了典型发言,宣讲其在拆迁和土地回租工作中的"好经验、好做法、好作风"。大会最后由县委书记做了四点总结发言:

"此次搬迁工作能够圆满完成,首先是有一个好项目,Q公司在M村投资,与沟域经济、新农村建设、发展休闲旅游产业相结合。这个项目得到全县上下高度拥护、赞成、支持,更得到了G镇和M村的赞成和支持。第二,M村有好的村民,好的老百姓,M村村民是可敬、可亲、可爱的,是顾大体、识大局、讲政策、守纪律、素质高的。第三,我们有一支县、镇、村好的干部队伍,M村两委班子包括村民代表是坚强有力的,县委是信任的,群众是拥护的,是Y县先进的基层党组织,先进的村民代表的典型。G镇党委政府是坚强有力的,是在实践中涌现出来的优秀杰出代表。第四,有一个好的搬迁政策、办法、程序和机制。"

县委书记要求各级乡镇政府街道对于M村的宝贵经验"要真学、真借鉴、真应用"。在今后的工作中"要继续发扬在T景区搬迁过程中的好作风、好经

---

① 《土地管理法实施细则》全称《中华人民共和国土地管理法实施细则》(中华人民共和国国务院令第256号),1999年1月1日起开始执行。

验,一如既往、一鼓作气,不能懈怠,不能放松。"会上,县政府给予了 M 村典型代表 2000 元现金奖励。

其次,镇政府以奖励 M 村两委和村民代表在新农村建设拆迁工作中"对政府的支持"为由,于 2011 年 1 月初邀请了 30 多名村民代表、村委会人员等去海南旅游。以下是某报纸媒体对该事件的报道:

"1 月初开村民代表会议前,镇政府邀请了 30 多名村民代表、村委会人员等去海南旅游,奖励他们在去年新农村建设拆迁工作中'对政府的支持'。这趟旅游规格甚高,除了 G 镇几位镇领导一同随行外,镇长还专程飞往海南请村民代表吃饭并敬酒,团里还给每个人发了 400 元。"

而这趟海南旅游的目的可不仅是为了表示政府对村代表支持政府拆迁工作的奖励,而是为下一步征地做准备。

最后,2011 年 1 月 21 日,村代表们从海南旅游回来没几日,就接到镇政府的通知,让他们到镇政府的四楼会议室开会。主持会议的村支书说,为了建 Q 公司投资的旅游度假区,要征收本村一至五队村民的土地 1000 多亩,征收补偿金为一次性给付每亩 6 万元。当时有村民代表要求镇政府拿出审批手续,两级领导都未拿出来。一些村民代表提出会后和村民商量一下,再在会议记录上签字,但经不住村镇领导轮番劝说动员,陆续有十多人在犹豫中签了字。这一人数并未达到参会代表的半数,散会后他们又分别接到了镇领导的电话,劝说他们补签字,加上后补签的共有 28 个人签字。

对于村民代表会议通过的征地方案,镇长李××认为当时可能有个别代表不同意,但参会代表达到了应到会人数的 2/3 以上,通过人数也达到应到会村民代表的半数以上,均符合法定人数。他认为,征地一事征求村民代表大会意见就可以了,不用召开全体村民大会,"有意见的只是个别人"。

(三)征地项目未获批先动工

按照中华人民共和国《土地管理法实施条例》第二十五条规定,"征用土地方案经依法批准后,由被征用土地所在地的城市、县人民政府组织实施,并将批准征地机关、批准文号,征用土地的用途、范围、面积以及征地补偿标准、农业人员安置办法和办理征地补偿的期限等,在被征用土地所在地乡(镇)、村予以公告。市、县人民政府土地行政主管部门根据经批准的征用土地方案,会同有关部门拟订征地补偿、安置方案,在被征用土地所在地的乡(镇)、村予以公告,听取被征用土地的农村集体经济组织和农民的意见。征用土地的各项费用应当自征地补偿、安置方案批准之日起3个月内全额支付"。然而,M村从2011年1月份征地开始,到2月25日在村中征地公示期间,始终未能公示上级部门批准的"征用土地方案"。2011年4月27日G镇镇长也证实了Q公司这个项目的审批手续确实还未批下来,但其表示虽然该项目建设还未开始,但正由土地一级开发单位进行土地整理,等审批部门同意后才开始动工,而最终报批的面积,他表示以发改委、国土等各部门最终批复数为准。后经《京华时报》记者在市国土资源局Y县分局查询发现,Y县GBSZ国际休闲度假旅游区被列入2011年1~3月的预审统计表中,申请单位为市土地整理储备中心Y县分中心。然而,虽然征用土地方案未能获批,但征地项目却迫不及待地开了工。

"2月底3月初的时候,他们(Q公司)的人就开始将村民的土地围了起来,开始测量。他们雇佣了好多保安,不让我们靠近,有几个村民试图进入他们的工地,被架了出来。过了一个多星期,来了好几辆铲车,将地上的玉米杆全铲干净了,后来他们又设置了路障,有保安把守,不让外来车辆进入。"(SFQ5,女,52岁,小学,从事民俗旅游接待)

"3月初的时候,好多车辆就进了村里,房子也都拆光了,将村里的土地都铲平了,我是通过其他村民才知道是Q公司来开发的,我们的土地都被他们(Q公司)占了,村里也没有个说法,到现在(2011年5月)我们也没有获得征地补偿,政府也没有征地审批方案,我们觉得这是不合法的,有村民去工地找Q公司的人讨说法,结果也没人搭理他们。"(LTN7,男,39岁,初中,务农)

2011年6月初,"Y县GBSZ国际休闲度假旅游区土地一级开发项目A

区项目"征收土地方案终于获得了北京市人民政府批准(京政地字〔2011〕69号)。6月3日,Y县政府发布了《关于GBSZ国际休闲度假旅游区土地一级开发项目A区项目征地公告》。随后,该项目的B区征地方案也获得了北京市人民政府批准(京政地字〔2011〕107号)。8月19日,Y县政府又发布了《关于GBSZ国际休闲度假旅游区土地一级开发项目B区项目征地公告》。两份公告合计征地68.3977公顷,共计1025.96亩。以下是两份公告的征用土地类型与征用面积。

表3-1 A区项目征地类型与面积

地类名称	征地面积(公顷)	征地面积(亩)
耕地	15.6025	234.04
园地	4.9201	73.8
林地	8.2295	123.44
农村道路	0.2232	3.35
居民点及独立工矿	9.7607	146.41
未利用地	5.7235	85.85
合计	44.4595	666.89

资料来源:《北京市Y县人民政府关于Y县GBSZ国际休闲度假旅游区土地一级开发项目A区项目征地公告》。

表3-2 B区项目征地类型与面积

地类名称	征地面积(公顷)	征地面积(亩)
耕地	2.0814	31.22
园地	9.3304	139.96
林地	7.9684	119.53
农村道路	0.1119	1.68
居民点及独立工矿	1.0679	16.02
未利用地	3.3782	50.67
合计	23.9382	359.07

资料来源:《北京市Y县人民政府关于Y县GBSZ国际休闲度假旅游区土地一级开发项目B区项目征地公告》。

第三节 村民在拆迁与征地事件中的参与策略

一、拆迁过程中的"拖"策略

所谓"拖"就是拒不在搬迁协议书上签字，与政府拖时间，将此作为与政府谈判的资本，以此来赢得政府的重视，迫使政府提高房屋拆迁补偿的标准。在 M 村拆迁过程中，不少村民采取了"拖"的策略，尤其是二队和三队的村民。主要是因为二队和三队共百余户村民靠近 T 景区，两队多数村民都从事民俗接待业，每户每年收入都在两三万元以上，位置好点的民俗户每年收入可达二三十万元，参与旅游接待的收入是他们唯一的经济来源。2010 年 7 月 14 日，村子正式拆迁工作已经进行了整 10 天，虽然经过县镇两级政府宣传，召开了村民大会动员，并且负责二三队动迁的动迁组副组长村主任采取了"四带头一承诺"[①]办法动员村民在拆迁协议上签字，但二三队仍有一半的村民户没有签字，村民 LHG 就是一个典型例子。

"我们一家四口人，有房子 260 平米，有个 50 平的院子，以前从事农家旅游接待。我就是不能签字，给的补偿标准太低了。政府和村委会威胁我家里的人，给我们断水断电，不让我家里人出门，我不怕他们。村主任多次找我让我签字，让我配合政府新农村建设工作，表示在规定补偿额度基础上多给 2 万元补偿，但不能让其他村民知道，我觉得太少没有同意，他就说不签以后不让我干旅游接待，取消我的县民俗户资格，除非我们家不在这个村住了。持续了半个多月后，村官带着姓张的副镇长来我家，那个张镇长倒是很和蔼，一进

---

① 即带头签订搬迁协议，带头搬迁，带头宣传搬迁补偿政策，带头做家人、家族和亲戚的思想工作，以党员、村民代表包户的形式，规定每名党员、村民代表在协助动迁组入户工作中的责任，签订承诺书。

门就给我和家里人道歉,说他们工作不当,工作方法不对,给我们家造成了很大不便,希望我们理解他们的难处,他们给我们 8 万元作为补偿,并表示以后可以给我们市级民俗户的资格。当时我说考虑一下给他们答复,我和其他一些没签的村民通了电话,他们也没签,都说不给 15 或 20 万元补偿不签。后来镇长也来了,我们 13 户村民是全村最后签字的,每户多给了 15 万元。"(LHG12,男,45 岁,小学,村民)

运用上述"拖"的策略,M 村大约有三分之一的村民在拆迁中获得了额外的奖励或补偿。美国学者詹姆斯·斯科特在其著作《弱者的武器:农民反抗的日常形式》[1]中提出了农民反抗权威的一种行动策略——"弱者的武器"。斯科特认为,农民反抗的日常形式即平常的却持续不断的农民与从他们那里索取超量的劳动、食物、税收、租金和利益的那些人之间的争斗。这些日常形式的反抗通常包括:偷懒、装糊涂、开小差、假装顺从、偷盗、装傻卖呆、诽谤、纵火、怠工,等等。这些被称为"弱者的武器"。该策略的特点是农民们几乎不需要事先的协调或计划,他们利用心照不宣的理解和非正式的网络,通常表现为一种个体的自助形式,避免直接地、象征性地对抗权威。而 M 村村民采取的"拖"的策略基本符合斯科特所说的"弱者的武器"的特点,村民之间不需要事前的计划与安排,他们彼此通过非正式的网络相互沟通,行动的策略往往是一种个体自助形式,避免与政府之间的直接对抗。针对之所以要避免与政府对抗的原因,斯科特以自己在马来西亚农村的田野工作材料为证据,指出"公开的、有组织的政治行动对于多数下层阶级来说是过于奢侈了,因为那即使不是自取灭亡,也是过于危险的"。虽然斯科特的结论是以东南亚国家农民为研究对象的,而且这些结论对于具有独特生存环境和文化传统的中国农村来说显然还有许多需要改进的地方,但"弱者的武器"这种日常反抗的策略,对于中国农民来说依然十分有用。这一策略有利于村民保护自己的利

---

[1] 郭于华."弱者的武器"与"隐藏的文本".读书,2002(7):11-18.

益,符合农村乡土关系社会的特质,因为在乡土熟人社会中,直接与县镇政府和村委会对抗的结果可能会恶化其生存环境①。

二、"问题化"构建策略

应星认为,在具体实践中,农民的抗争目标总是以具体而明确的问题的方式提出来的,这就有一个"问题化"过程,也即农民要使自己的具体问题纳入政府需要解决的议事日程中,这就必须不断运用各种策略和技术把自己的困境建构为国家本身真正重视的社会秩序问题。按照村民的心理,只有发生足够重大的"问题",其要求才可能为上级重视并得以满足②。在 M 村旅游拆迁事件中,随着拆迁工作的推进,村民首先质疑了政府所谓"新农村建设"一说,并提出这实际上是政府打着新农村建设旗号进行的旅游商业拆迁,政府的行为实质上是一种商业行为。

"如果以新农村建设名义要求搬迁,那么这些补偿款以及安置房的政策,我们并不是不能接受。但是如果目的是商业开发,为了让我们搬迁,却打出新农村建设的名义,那么集体搬迁补偿款就很低,政府要给我们一个说法。"(SFQ5,女,52 岁,小学,从事民俗旅游接待)

"如果是商业拆迁,应该让村民与开发商共同协商,而不是政府强制,我们被迫接受。"(ZZJ8,男,初中,43 岁,从事民俗旅游接待)

面对村民的询问与质疑,县政府对 M 村"新农村建设"的解释是为了实现新农村建设、旅游商业开发、发展沟域经济三者联动。但村民对这种说法表示不相信。

其次,村民质疑征地过程中的"国际休闲度假旅游区"土地开发项目未能获得北京市的审批就征地,认为该行为违反了征地相关规定与法规,并要求

---

① 吴毅."权力—利益的结构之网"与农民群体性利益的表达困境.社会学研究,2007(5):21-45.

② 应星.大河移民上访的故事.北京:生活·读书·新知三联书店.2001:317-320.

政府作出解释。《京华时报》记者就该事件进行了报道：

"多名村民反映,村里和镇政府开动员大会时,有干部说过手续尚未办理。今年1月(2011年),村民曾向市国土资源局申请公开该项目的征地补偿方案和用地审批手续,并向市发改委申请公开该项目立项批复文件,两部门的回复均为'该信息不存在'。4月27日镇长证实,Q公司这个项目的审批手续确实还未批下来。他说,该项目开发区域总占地达1.3万亩,地上建筑物实际占地1000多亩,征地补偿为6万元/亩,其余占用的1.2万元/亩,按不同类型付给村民不同数额租金。他称,已从去年1月起付给村民全年的土地流转租金,租金标准也是由村民代表大会通过的。面对村民"未审批先动工"的质疑,他称现在项目建设还未开始,正由土地一级开发单位进行土地整理,等审批部门同意后才开始动工。而最终报批的面积,他表示以发改委、国土等各部门最终批复数为准。"

为了使征用土地"未批先建"问题引起政府足够的重视,2011年3月中旬,有上百名村民来到村中连续三天阻止在建项目施工,上百名村民中有不少妇女,这些人坐在施工现场,不让铲车和推土车经过,现场气氛僵持不下。项目停工后,村民要求Q公司和政府拿出土地征用手续,并支付村民的征地补偿款。施工现场的负责人试图劝说村民放弃阻止施工,村民不听,遭到一群妇女的讥讽与辱骂。现场保安人员试图阻止,村中一群年轻力壮的青年人与部分保安人员发生厮打,现场一度混乱,失去控制。后镇政府调解人员和派出所人员赶到,现场才恢复平静。

"镇政府干部要我们村民离开,要我们冷静,说征地是合法的,只是审批手续正在办理过程中,需要一些时间。征地补偿款要等到审批手续都办下来才能给村民。我们不相信他们,要镇干部给一个解决的期限,镇干部说要相信政府,肯定年内解决,并保证Q公司项目完工后,优先安排村民就业、保护我们民俗户的利益。后来村干部也来劝说我们,一些村民陆续回去了,后来大家散了。"(SFQ5,女,52岁,小学,从事民俗旅游接待)

最后,村民的"生计问题"的构建。在拆迁和征地过程中,村民逐渐意识到自己失去了其赖以生存的土地,在失去土地的同时,他们也将失去收入来源与生计保障,虽然政府还支持他们继续从事民俗接待,但村民们普遍比较悲观,以后的生计问题成为他们最关心的问题。

"我们现在土地被买断了,一点也没有了,政府说给我们提供就业,上班就业给多少工资,我们百姓谁能定?政府说在村民安置楼附近建个民俗旅游接待中心(民俗旅游接待园),但这距离T景区太远了,游客能来吗?我心里都没底,以后不知道怎么办。"(ZXH1,男,41岁,初中,从事民俗旅游接待)

"按照政府的新农村建设的想法,我们将搬迁至七队三公里外的地方,那个地方不可能从事农家乐,没有游客会到我们这来,将来景区得到开发后,我们能干什么呢?政府承诺给我们解决就业,但那才能收入多少?我家从前一个商店的收入就三万多,我一个人照看就行了,以后商店没了,景区一个月给我们多少还不知道,我们对景区管理什么都不懂,我们将来的收入感觉没有保障。"(FJQ4,男,49岁,小学,农民,经营小商店)

"现在M村的土地已经移交给Q公司他们开始施工了,村民的土地没了,今年的粮食及副食品价格猛涨,政府补助那点钱够活多少年?我们30岁以上的人再过20年后养老怎么办?我们没有养老保险,又没有土地,到时候吃什么?病了怎么办?今年(2011年)要求我们各队村民户口分批次农转非,先是老人转,老人同意转,因为有退休工资,我们队里的年轻一些的就不想转,因为转了户口国家就不给农村补助了。但上面有政策,一个生产队一年几个指标,必须完成。老人转完了后,就得其他人,我们队今年采取抓阄的方法,谁抓到了谁就得转户口。政府和村官也不替我们村民考虑,今后生活也没有着落。"(LYX9,女,33岁,初中,从事民俗旅游接待)

为了引起社会舆论的关注,给政府施加压力,M村村民借助媒体平台将上述问题公之于众。《京华时报》《新京报》《北京青年报》记者先后报道了M村拆迁和征地相关事件的始末,三家媒体报道又引起了许多网站的转发,该事件借助网络的力量还引起了国外媒体的关注。随着社会舆论的增加,县镇政府也感觉到了压力,并贴出公告向村民解释道歉。通过上述媒体,县镇领导也回应了村民对"新农村建设"和"未审批先征地"的质疑,并就拆迁和征地过程中的一些做法给予了解释,承诺在景区招商和就业方面优先考虑村民。

三、"依法抗争"策略

"依法抗争"概念是李连江和欧博文提出来的一个重要概念,他们认为所谓"依法抗争"是指"以中央政策为依据的抗争",是农民积极运用国家法律和中央政策维护其政治权利和经济利益不受地方政府侵害的政治活动。就依法抗争的内容和形式看,都兼有政治参与和政治抵抗的特点。就其过程和结果看,依法抗争有可能通过促进国家法律或中央政策的落实而演变成完全的政治参与,而且恰好是处于一般意义上的"政治抵抗"和"政治参与"之间的灰色地带,它在内容上基本属于"政治参与",但在形式上则明显地兼有"抵抗"和"参与"的特点[1]。在"依法抗争"的框架里,农民是利用中央政府的政策来对抗基层政府的土政策,以上级为诉求对象,抗争者认定的解决问题的主体是上级,抗争者不直接对抗他们的控诉对象。这种反抗形式是一种公开的、准制度化或半制度化的形式,采用的方式主要是上访,以诉求上级政府的权威来对抗基层干部的"枉法"行为[2]。应星认为,"依法抗争"解释框架过于狭隘,"主要限于通过上访和就地抗争来对基层政府施加压力,而行政诉讼则被看成是典型的政治参与,却不被包含在内",因此应星提出了一点修正,将司法救济手段也纳入到"依法抗争"解释框架中,"依法抗争"不仅仅是依据法律或政策在法院外进行的抗争,法院本身也可能成为这个群体行动场域的内在组成部分[3]。依据上述对"依法抗争"概念的理解,我们看出"依法抗争"在农

---

[1] 李连江,欧博文.当代中国农民的依法抗争//吴国光主编.九七效应.(香港)太平洋世纪研究所,1997.

[2] 于建嵘.抗争性政治:中国政治社会学的基本问题.北京:人民出版社,2010:57.

[3] 应星.草根动员与农民群体利益的表达机制.社会学研究,2007(2):1-23.

村社会的主要表现形式为"上访"与"上诉",而这两种形式在这次事件中都被村民采用了。

2010年7月,M村1到3组的村民推选出了8位代表去北京城里上访,为了避免村民的"搭便车"行为,村民们约定,参与此次上访的村民每人出50元,并以户为单位在上访书签字。不出钱不签字的话,今后如果村民家里有什么事情,其他村民不帮忙。为了提高上访的效率,上访代表兵分两路,一路上访国务院信访办,另一路上访北京市国土资源局。上访代表出发后不久就接到镇干部的电话,要他们回去,并表示有什么要求可以谈,上访代表就又返回来。镇政府信访部门干部接待了他们,上访代表认为这次拆迁属于强行拆迁,没有经过全体村民同意,要求提高拆迁和土地回租补偿标准,并要求赔偿拆迁期间的村民物质与精神损失费用①。然而镇政府领导认为,此次拆迁标准是按照北京市国土资源局和房屋管理局的相关文件规定核算出来的,并经过该村村民代表同意并签字的,不属于强行拆迁。对于村民精神与物质赔偿,镇领导认为那些是"保护村民"的人,可能对村民有"保护"不当的地方,可以对村民造成的物质损失给予补偿,但对村民的精神赔偿则不予赔偿。在这次谈判中,镇政府主管信访工作的镇党委书记告诫村民上访代表,这是北京市人民政府批准的项目,并严格按照北京市拆迁管理文件执行的,有行政和法律依据,如果上访代表再"继续纠缠",镇政府将有权力以维护社会安定的名义拘留上访代表。这次谈判村民没有达到目的,村民们觉得还得上访北京,只有上访村民们才可能得到应有的补偿。与镇政府谈判一个星期后,村民上访代表又去了北京,这次他们直接去了国务院信访办公室,成功地提交了上访材料,一个月后被告之材料将转到北京市相关部门处理,半个月后村民们接到北京市政府的答复是"材料已经转入Y县政府相关部门处理",接到通知后,村民们觉得很失望,上访的问题最终

---

① 拆迁期间的"光头黑衣男"和"制服男"给村民们带来很大的恐慌,部分村民遭到恐吓与威胁,一些村民被打受伤,村民的玻璃与门被砸坏,还被断水断电,村民们要求政府给予赔偿。

还要在县里解决,此后上访的事情便不了了之了。虽然村民的上访没有达到目的,但却引起了县政府对该事情的重视。8月初,县政府组织派专人到村中解释拆迁的政策依据①。M村村民以中央政策为依据,在准制度化或半制度化框架中,遵循所谓"踩线不越线"的行动原则,通过上访的方式对抗基层政府,给政府施加压力。虽然没有达到目的,但却引起了基层政府的重视,部分达到了上访目的。

2011年2月,在村民代表被迫在征地会议上签字不久,在村民不知情的情况下县政府发布了征地公示,当村民在村中看到征地公示后,二队和三队立刻自发组织起来到Y县国土分局提意见,然而没有得到明确答复。为了维护自身的利益,5月中旬,部分村民聘请了律师,咨询了相关法律问题。根据律师的建议,村民向市人民政府提出行政复议,认为县政府在征地过程中违反了中华人民共和国《村民组织法》、《土地管理法实施细则》等文件规定,未征求村民意见,在征地手续不全的情况下就单方面强行征地,严重损害了村民的利益。并提出两点要求:一是废除征地,还地于民;二是村民要在旅游开发项目中将土地入股。然而,行政复议的结果是维持原决定。村民决定,委托律师向法院进行行政诉讼,结果一审败诉,村民不服,又向市中院提出二审上诉,结果还是败诉了。然而村民并不妥协,还要继续上诉。

"依法抗争"策略是村民采用最多最常用的一种社区参与策略。但该策略也有缺陷,"对'依法抗争'中的'法'做了泛化处理,既包含国家制定的正规法律,也包含中央的各种文件。应当指出的是,国家的制定法和文件有着很大的差别,因为文件包含了更多意识形态元素,导致文件的'政治性'而非'规范性'更加突出。相比之下,国家法律的规范性要强于政治性。"②

---

① 上访的资料来源于笔者2011年4月份对M村13位村民的访谈资料整理。
② 陈先兵.维权话语与抗争逻辑——中国农村群体性抗争事件研究的回顾与思考.北京化工大学学报(社会科学版),2010(1):1-6.

第四节 国家—社会权力结构视角下权力主体事件参与中的理论分析

一、县基层政府的参与逻辑

如前所述,县基层政府参与前述事件的主观愿望是好的,其参与该事件的动因是想借助发展当地沟域经济和新农村建设的大好时机,通过引入外来旅游投资,发展当地的休闲旅游产业,同时带动 M 村村民就业和改善村民的生存环境。但更为深层次的动因则来自现实压力与上级考核方面。从 M 村所属的 Y 县政府 2008—2010 年三年的财政预算总体执行情况看(参见表 3-3),近三年全县总财政收入均大于总财政支出,每年除去上交市财政部分,还有财政结余。整体上看 Y 县财政似乎不存在财政资金不足的问题,但如果从近三年的全县财政收入情况看(参见表 3-4),县财政的主要收入来源并不是本县的预算收入,而是市政府的返款、补贴、转移支付和专项资金。近三年的县财政收入中,市政府对县政府的资金投入比例分别占县财政的 64.4%、71.3%、65%,并且全县一般预算收入完成和全县一般预算支出完成之间差距较大,如 2010 年预算收入与支出之间的差距为 46 亿多元。在 2008—2010 年的县财政预算执行情况报告中,提到了县内税基薄弱,主要依靠外埠税源和非税收入拉动财政收入增长,财政可持续增长的基础不够稳固,由于财政支出需要应对"保增长、保民生、保稳定"等一系列政策,因此支出压力进一步加大,财政收支矛盾突出。

表 3-3　2008—2010 年 Y 县财政收支情况表　　单位：万元

年份	全县一般预算收入完成	全县一般预算支出完成	全县总财政收入	全县总财政支出	上解市财政资金	结转下年使用资金
2008 年	102064	357099	444183	413140	590	30453
2009 年	129269	569028	686247	646725	733	38789
2010 年	155819	617312	848697	788148	766	59773

资料来源：依据 Y 县 2008—2010 年财政预算执行情况和财政预算（草案）的报告整理而成。

表 3-4　2008—2010 年 Y 县财政收入情况表　　单位：万元

年份	全县总财政收入	一般预算收入	基金预算收入	市财政体制返还	市体制定额补贴	市对区县转移支付
2008 年	444183	102064	17025	92794	26195	19027
2009 年	686247	129269	19851	102073	108526	93039
2010 年	848697	155819	84418	112281	108720	93077

资料来源：依据 Y 县 2008—2010 年财政预算执行情况和财政预算（草案）的报告整理而成。

除了要应对财政上的支出压力外，县政府还面临着"压力型体制"[①]的约束。伴随着国家权力的下沉过程，县政府面临着上级政府指派的各项发展指标，而这些发展指标完成与否往往和领导干部的年终考核联系在一起。对于 Y 县政府来说主要面临着三方面的压力，即促发展的压力、为当地提供公共设施与公共服务的压力、维护社会稳定的压力，即上文所说的"保增长、保民生、保稳定"的压力。面对这三方面压力，县镇领导人的首要选择便是通过经济的发展带动县镇域内经济总量的大幅度提升，并通过招商引资、加快土地等生产要素流通来实现县域内经济的大幅增长，以实现县镇经济的发展，在发展中解决各种指标的考核问题。

县基层政府面临着内部财政支出与外部体制性压力，加之作为一个独立

---

① 荣敬本,等. 从压力型体制向民主合作体制的转变：县镇两级政治体制改革. 北京：中央编译出版社,1998.

核算的利益主体的存在,必然导致其在财政预算外获利的冲动强烈,而国家的土地政策恰恰在这一方面为其获利提供了可能。根据财政部、国土资源部《新增建设用地土地有偿使用费收缴使用管理办法》的通知(财综字〔1999〕117号)的规定,新增加建设用地的土地有偿使用费用30%上缴中央财政,70%归地方财政所有。后来实际执行时中央提缴困难重重,中央向地方提缴比例变成了5%,再后来又变成了全部收益归地方政府所有,遂有"地方第二财政"之称①。将村民集体土地变成国有土地后再出让,便成了地方政府的重要获利途径。因此,对于Y县政府来说,获取了土地,引进旅游开发投资项目,既解决了财政支出问题,也解决了上级的各种指标任务考核,是一举两得的好事情。为了办成这件事情,县镇领导坚定决心,在拆迁征地过程中运用各种方式手段获取农民的土地也就不足为奇。运用这些拆迁与征地手段和策略虽然使政府获得了其想要获取的土地,但由于在工作过程中出现的各种问题与失误伤害甚至是激怒了村民,引起了村民同政府之间的对立,导致基层政府在百姓中失去了声誉与形象。

二、村民在事件中的参与逻辑

(一)利益驱动——村民参与旅游的现实理性选择

美国经济学家舒尔茨和波普金提出了"理性选择"概念,舒尔茨在其著作《改造的传统农业》(1964)中认为,农户相当于是资本主义市场中的企业,比起任何资本家毫不逊色②。波普金在其著作《理性的小农》(1979)中认为,与"道德经济学"解释农民参与行为的本质不一样,其解释农户参与行为的主要工具为"理性选择"的方法③,理性选择的出发点是在各种机会许可和在各种

---

① 邵轩岚.谁在分享土地出让金?资料来源于北青网:http://bjyouth.ynet.com/article.jsp?oid=8180876,2006年3月24日.
② 王道勇.国家与农民关系的现代性变迁——以失地农民为例.北京:中国人民大学出版社,2008(1):64-65.
③ 于建嵘.抗争性政治:中国政治社会学的基本问题.北京:人民出版社,2010(8):56-57.

条件制约下个人的利害权衡和行为选择的复杂性,并认为农民参与必然是追求个人利益最大化,权衡利弊得失是参与过程中基本的选择行为,小农更倾向于按理性的投资者的原则行事,利益的驱动才是农民参与的根本原因。以上两者的观点合成"舒尔茨—波普金命题"。"理性选择"和"利益驱动"的概念可以用于解释 M 村村民在旅游拆迁和征地事件中的行为,村民无论采取"拖"和"问题化构建"等隐晦行动策略,还是采取"依法抗争"的集体性行动策略,其本质都是要获得利益上的最大化补偿。在 M 村的拆迁与征地事件中,由于拆迁和征地费用是以新农村建设的名义发放的,补偿费用相对商业开发比较低,这引起了村民的不满与怨恨,认为县镇村三级干部从中得到了好处,侵占了他们的利益。尤其是村中二队和三队的村民,由于靠近 T 长城景区,他们大部分主要从事民俗饭店与民俗旅店生意,旅游旺季时节,民俗旅游生意应接不暇,很是红火,利润比较丰厚,而拆迁对他们的影响很大,利益受到很大损失,即使今后按照政府的规划地点重新从事民俗接待,也可能由于接待地点距离景区较远而生意清淡。同时,Q 公司集团的 GBSZ 国际休闲度假旅游区建成后,由于度假区靠近景区,配套服务设施完善,将会极大地冲击当地村民的民俗旅游接待业,不可避免地给当地村民带来利益损失。实际上关于村民社区参与旅游的利益问题,旅游研究领域于 20 世纪 80 年代正式引入"利益相关者"这一概念,并形成一个专业的方向研究旅游规划和管理中利益相关者的冲突和协作问题,包括协作的组织形式、程序方法、权力关系以及合作关系等[1]。国内有学者从博弈论角度深入分析社区参与过程中各利益相关者之间的利益关系[2],而村民与其他利益相关者的利益上的理性合作问题则是探讨的核心[3],可见,"理性选择"和"利益"是村民参与旅游的主要行为策略与动机。

---

[1] 周玲. 旅游规划与管理中利益相关者研究进展. 旅游学刊,2004(6):53-59.
[2] 宋瑞. 我国生态旅游利益相关者分析. 中国人口·资源与环境,2005,15(1):36-41.
[3] 郭华. 乡村旅游社区利益相关者研究:基于制度变迁的视角. 广州:暨南大学出版社,2010:115-158.

（二）生存伦理——村民参与旅游的无奈

"生存伦理"是美国学者斯科特针对东南亚农民的生存压力提出的概念，并特别强调了农民为了生存而参与集体行为的生存规则及道德含义[①]。斯科特认为，东南亚小农经济固守的是"安全第一"和"以生存为中心"的规则，具有强烈生存取向的农民更愿意选择避免经济灾难，而不去选择追求平均利润的最大化。在斯科特看来，农民的生存伦理表现在生存而不是发展或利益最大化，这就是农民的生存逻辑。或者说在严酷而强大的生存压力面前，农民实在无暇顾及经济发展或利益最大化。生存取向而不是利益取向构成了农民的理性与资本主义经济理性之间的巨大差异。农民往往被指责为"宁愿选择闲暇而不愿做额外工作以增加生产的游手好闲者"和"无效率使用其所支配之资源的落后与保守分子"[②]。斯科特的"生存伦理"概念对理解 M 村的村民行动逻辑有重要意义，正如黄宗智所言，中国的农民除了关注利益以外，还关注自身的生存问题[③]。自拆迁和征地以来，M 村村民最关心的问题除了获得利益补偿外，就是其自身今后的生计问题。在拆迁和征地过程中，村民逐渐意识到自己失去了其赖以生存的土地，在失去土地的同时，他们也将失去收入来源与生计保障。虽然政府还支持他们继续从事民俗接待，并承诺在景区为其安排工作，但飞涨的物价、养老与医疗、户口农转非后带来的身份尴尬、今后收入的不确定性等问题仍困扰着村民。在访谈过程中，听到当地村民说的最多的一句话是："今后的生活还不知道怎么样，过一天算一天吧。"可见村民对今后的生计仍持悲观态度。从社会意义上看，发展旅游对中西方当地社区的意义不同。西方社区发展旅游对当地来讲很多时候只是其中一条出路；而在中国旅游发展常常成为当地社区

[①] 詹姆斯. C. 斯科特. 农民的道义经济学：东南亚的反叛与生存. 南京：译林出版社，2000：1 - 43.

[②] 秦晖，苏文. 田园诗狂曲——关中模式与前近代社会的再认识. 北京：中央编译出版社，1996：18 - 19.

[③] 黄宗智. 华北小农经济和社会变迁. 北京：中华书局，2000，序言部分.

的主导力量,有时候是唯一的选择①。对于 M 村来说,人均耕地面积过少,山地产业化程度又低,除了靠近长城发展旅游外,实在是没有其他增加收入的途径,因此,发展民俗旅游成为了 M 村村民唯一的选择,从事民俗旅游接待业与村民生存紧密联系在一起。当村民失去从事旅游接待业资格时,村民的生存问题便凸显出来。

(三)"争口气"——村民参与旅游维权行动中的推动力量

在 M 村的旅游参与维权事件调查中,我发现村民在维权行动过程中都带有某种程度的情绪和怨气,一些村民在谈起对于政府的拆迁和征地过程中的某些行为时往往愤愤不平。在维权上访和上诉的过程中,村民除了要争取利益,维护其生存权利外,很多时候还往往为了"争一口气"。M 村三队的一位村民上访代表也表达出了"争口气"在维权上访中的作用。

"我觉得在一些共同问题上我们村民应该团结,政府让我们拆迁,把地卖给外面,许多村民有想法,但还是迁了。我们村民实际上都憋着气,外面的人都说我们村里人窝囊,不团结,其实我们心里还是挺难过的,毕竟这里有我们的老祖坟,在这生活了这么多年,从感情上说我们是真不愿意迁出,给我们多少钱我们都不愿意。政府压根就没有征求过我们村民的意见,政府把村代表们收买了,许多协议都是他们签的字,他们出卖了这个村子,对不起老祖宗,要遭报应的。我们几个人上访和去法院,其实补偿多少也不是主要的,就是觉得我们村民太窝囊了,政府给的补偿那么低,也没有人站出来说一说,村官们和当官的一起瞒着老百姓,就得靠我们自己。街坊邻居也希望有人站出来,我们几个人站了出来,他们也看到了希望,就算告不赢,我们也要告,我们不能让他们觉得我们好欺负。"(LQS13,男,40 岁,高中,从事民俗旅游接待)

应星指出"气"是乡土社会村民行动的一个独特概念。在我们的民间谚

---

① 保继刚,徐红罡,Alall A. Lew. 社区旅游与边境旅游. 北京:中国旅游出版社,2006:27.

语中,有"和为贵"、"忍为上"、"气大不养人"的说法,还有"人争一口气"、"以直报怨"、"咽不下这口气"等说法。应星将上述两类关于"气"的日常生活谚语总结为"以忍御气"和"以气立人",并指出了两类"气"的不同表现形态①。而在维权抗争性政治中的"气"则与日常生活中的"气"不同,表现为"任气行侠","气"呈现出地方性、进攻性和伦理性的特点。通过对"气"的分类与特点概括,应星对"气"的中国乡土内涵做了总结,即"气在中国乡土传统中既不是纯生理的冲动,也不是纯利益的反映,它是一种融汇了本能与理性、道义与利益的激情,是中国人在人情社会中摆脱生活困境、追求社会尊严和实现道德人格的社会行动的根本促动力,它从一种需要被克制的激情到一种可以迸发的激情再到一种自我执法的义气,构成了一个充满张力的续谱,其中,以忍御气是主流,以气立人是补充,任气行侠是特例"②。正是基于上述对"气"的本质与特性的认识,应星提出农民集体维权行动再生产的基础并非利益或理性,而是伦理,这里所说的伦理并非仅仅指斯科特的"生存伦理",还指中国文化传统中的独有伦理——"气"③,在"为气而斗争"这一伦理中,斗争者的目标往往不仅是利益,而还有对某种权利的主张,或他人对自己人格的尊重,以及社会承认的底线。在M村村民采取的维权过程中,动因虽然与利益有关,但村民的要求又不仅仅限于利益要求,还包括基层政府对村民话语权利的重视,以及对村民情感与人格的尊重。然而,现实情况却是,基层政府的做法不仅没有满足村民的情感需要与话语权利的要求,就连基本的生存需要也没有满足,这极大地刺激了村民,加之乡土社会的利益诉求机制尚未建立,对于村民的怨气没有安全的疏导措施,导致了村民的不满和怨气无从发泄,使村民的"气"在村落范围内积累、强化与扩散。而外界与媒体对村民的评价,以及村官与村代表对村民和村落历史的"背叛",使村民的结构性怨恨和相对剥夺

---

① 应星."气"与中国乡土本色的社会行动——一项基于民间谚语与传统戏剧的社会学探索. 社会学研究,2010(5):111-129.
② 同上.
③ 应星."气"与中国乡村集体行动的再生产. 开放时代,2007(6):106-120.

感凝聚、加压和提升。既然制度的框架下村民的"气"无法得到宣泄,那么村民则希望有人能够挺身而出,带领他们争取自己的权利和人格尊严。也正如上述村民上访代表所言,告不赢也得告,不能让当官的觉得他们好欺负,正所谓"人争一口气","气"是村民争取利益和维权、维护尊严的推动力量。值得注意的是,在 M 村村民的实际行动中,村民的"气"还是有节制的,基本上是在合法抗争的框架下抒发他们的不满与气愤,而没有变成失去控制的无主之"气",即所谓的"气场"。"气场"是指"未组织化的群众为了发泄不满,相互激荡而形成的一种特定情感氛围"①。在 M 村,之所以"气"没有转变为"气场",重要的一点在于村民内部的分化。M 村共有 8 个生产队502 户村民,而参与维权行动的村民多集中于二队和三队百余户村民,其他几个队的村民参与人数相对较少,这就导致了三队上访代表所说的"不团结"。而"不团结"往往导致村民的行动的观望和迟疑态度,不能够形成统一的认识,由于"气不往一处使",从而使"气"无法凝聚在一起,无法形成强大的凝聚力量。

三、基层政府和村民在拆迁与征地事件中面临的困境

如前文所述,对于 Y 县镇政府来说,主观上县镇基层政府参与旅游事件的初衷是想借北京市发展当地的沟域经济的时机,通过引入 Q 公司的旅游投资项目,加大当地农村新农村建设力度,推动地区经济发展,发展区域休闲旅游产业,改善村民生活条件和水平。这应该是造福当地人民的好事情,但由于基层政府单方面制定了操作的程序与拆迁补偿标准,没有及时与当地村民进行沟通,在急于完成拆迁征地任务的条件下,导致拆迁征地过程中运用的手段策略、程序、方式和方法均出现了问题,从而造成了县镇基层政府与村民争利的印象。而且县镇基层政府在 M 村拆迁与征地过程中所运用的种种策

---

① 应星."气场"与群体性事件的发生机制——两个个案的比较.社会学研究,2009(6):105 - 121.

略,还给村民留下了"不讲原则"、"威逼利诱"、"敲诈"、"野蛮"等政府形象,这使地方政府的声誉扫地,引起村民的愤怒与不满。面对村民采取的种种反抗策略,地方基层政府的应对策略则主要是"压制",没有及时给村民提供一个化解矛盾的平台,结果是事情越闹越大,长期得不到解决,导致社会矛盾严重,官民关系紧张,村民对政府缺乏信任,政府治理工作陷入被动与困境。而上述政府困境产生的根本原因在于村民对基层政府作为公权力的权威公正性缺乏认同[①]。同时由于基层政府把自己当成一个权力与利益主体,运用自己特殊的强制力和垄断力不断地与民争利,使村民常常感到自身的生存和利益受到威胁,对基层政府的话语和行为往往持怀疑态度,最后逐渐地对基层政府失去信任与认同,导致基层政府的合法性受到挑战。M村村民无论是采取"弱者的武器"等消极抵抗策略,还是采取积极的问题化构建与上访上告策略,都用实际行动说明了村民对基层政府的不信任与不认同,最终的结果是政府虽然获取了利益,但却导致了地方形象和声誉的重大损失,以及公信力严重不足和缺失。

对村民来说,所面临的参与困境并不是金钱和时间。虽然在西方社会集体参与行动的困境在于时间和金钱,但这两点困境在中国农村社会倒不大成问题[②],因为小农均平意识和群体压力可以解决金钱问题,而农村社会的慢生活节奏也可使时间支出不成问题。而"安全性困境"和"合法性困境"则构成了村民在挑战基层政府时面临的两大困境,"安全性困境"是村民首先面临的现实困境,而"合法性困境"则构成了更深层次的困境。"安全性困境"即村民在事件参与过程中可能因为"得罪"基层政府而遭到各种打压与报复,这成为阻碍村民参与的主要障碍,正因为村民对县镇基层政府的打击报复的担心,所以村民在面临家园被拆除和土地被出卖的生存与利益上的威胁时,仍然尽量选择不与基层政府直面对抗的策略。如采取"拖"的策略,或问题化构建等

[①] 吴毅.基层官民关系新动向.人民论坛.2009(4).
[②] 应星.草根动员与农民群体利益的表达机制.社会学研究,2007(2):1-23.

策略,目的是确保自身的安全,这类似于斯科特关于生存伦理中的"安全第一"的规则。村民采取的类似于"弱者的武器"策略很重要的一点就是要确保自身安全,免遭基层政府的打击与迫害。除了面临安全性困境之外,村民还面临着政治合法性的困境。在西方,社会行动都是制度外或对抗性的政治行动;而在中国,制度外的或对抗性政治行动都面临着合法性困境①。因此,农民只能在制度边缘进行所谓"踩线不越线"的模糊合法性行动,农民的生存和利益表达是"反应性的",而非"进取性的"行动。农民斗争的目标是局部的具体目标,而不是整体的抽象目标。即使有"气"一类性质的抽象斗争目标存在,也是行动者当地生存状态的体现,不会触及既定的政治权力格局。正因为是在制度内或制度边缘斗争,所以极大地限制了村民行动取得的效果,村民在抗争中存在权宜性、组织性、双重性和政治上的模糊性②,进而导致村民在维权行动中的妥协性和不彻底性。

第五节 基层政府与村民旅游事件中的参与特征

本章以 M 村为例,从国家—社会权力结构视角出发,分析了社区旅游开发过程中的拆迁与征地事件,重点分析了基层政府和村民的参与策略,并讨论了权力主体在事件中的参与逻辑、参与的困境。下面将进一步归纳与分析基层政府和村民两个权力主体在参与旅游事件过程中的特征(见表 3-5)。

---

① 应星.草根动员与农民群体利益的表达机制.社会学研究,2007(2):1-23.
② 同上。

表 3-5 县镇基层政府与村民参与旅游事件过程中的特征

参与情况	县镇基层政府	村民
参与方对立冲突的焦点	M村的土地	
参与方互动策略	1. 新农村建设下的旅游商业项目开发； 2. 拆迁过程的"软硬兼施"策略； 3. 征地前的"迂回"策略——土地回租； 4. 镇政府征地过程中的"未雨绸缪"； 5. 征地项目未经审批先动工	1. 拆迁过程中的"拖"策略； 2. "问题化构建"策略； 3. "依法抗争"策略
参与过程中的主动性	主动参与	相对被动参与，在参与过程中有一些主动性
参与策略的有效性	有效性高，基本达到预期目的，获得土地资源	有效性低，暂时没有达到预期目的，仍在争取
参与双方达成协议的成本	低，基本上按照基层政府和开发商制定的协议操作	高，村民讨价还价的余地小
参与方与村干部关系的紧密性	紧密，村干部紧密配合县镇干部工作	松散，多数村民对村干部不信任
参与过程的力量对比	政府强—民弱型，政府主导型社区参与旅游事件	
	强势，动员了县镇两级政府人员，司法部门和村两委人员协同工作	弱势，仅有部分村民参与到同政府的对抗行动中
参与的逻辑	1. 主观上的地方发展的良好愿望； 2. 客观上内部财政支出的压力，上级布置的"保增长、保民生、保稳定"的任务压力，以及地方预算外土地获利的冲动	1. 利益驱动； 2. 生存压力； 3. "气"的推动
参与的困境	政府形象和声誉的严重损失，以及政府公权力的权威公正性缺乏被认同	1. 基层政府打击报复的"安全性困境"； 2. 制度内的合法性困境

第一，从参与双方的参与策略及策略有效性看。县镇基层政府分别在拆迁和征地过程中既运用了相同的手段，又采用了不同的策略。"新农村建设

下的旅游商业项目开发"策略是基层政府在拆迁和征地过程中始终使用的策略,该策略使政府的拆迁征地行为名正言顺。虽然这一策略后来被村民所质疑,并被媒体所报道,但县政府的解释是为实现新农村建设、旅游商业开发、发展沟域经济三者联动,该策略仍然为拆迁征地工作带来了便利。在实际拆迁工作中,基层政府采取了"软硬兼施"策略,具体来说是"威慑策略"和"奖励策略"相结合。部分村民虽然采取了"拖"的策略,但无奈只是少数,且随着政府对其不断施压和利诱,也迫使这些村民在协议上签字。拆迁工作启动不久,县镇政府马上就又投入到征地工作中,以"新农村建设与改造"的名义要求全村所有村民将自家承包的所有土地全部回租给村经济合作社,由县政府给予村民以土地"租金"补偿。这一做法为以后征地提供了方便。应该说这是征地工作中极为关键的一步,将村民的土地收归村集体所有,意味着后面的征地工作可以不再同村民打交道了,只需要同村经济合作社征地就可以了,这大大减少了征地工作面临的困难。征地前的村民土地回租是县镇政府整个征地过程的第一步打算,也是最重要的一步。当土地掌握在村合作社手中的时候,下一步的工作就是如何将"租地"变成"征地",而要实现这一步,关键的问题是如何让村民同意征地。为此,县镇政府采取了三步走的"未雨绸缪"策略,目的是让村代表"同意"征地。当村代表被迫"同意"签字后,至此县镇政府基本完成了征地工作。但在征用土地过程中,县政府在上级政府还未批准"征用土地方案"的时候,就急于动工开发,导致村民对"征地项目未获批先动工"的质疑。

面对县镇基层政府的行动策略,M村村民往往处于信息不对称的状态中。面对政府的拆迁征地行为,村民感到自己的生存基础和利益受到了侵害,进行了各种反抗和维权行动。无论是拆迁过程中的"拖"策略,还是针对县镇政府的行动策略采取的问题化构建策略和依法抗争策略,既是对政府行动策略的一种被动反应,也是对政府行为的一种主动应对。这些策略的运用也迫使政府采取相应的手段应对。如媒体将M村的事件加以报道后,县镇政府撤离了村里的"光头黑衣男"和"制服男",村民上访代表出发后镇政府派人拦截,并与之进行谈判,县政府派人到村中解释拆迁的政策依据,都表明了村民与基层政府之间进行博弈互动的复杂性,也表明了上述参与双方的策略不是一次博弈的简单策略,而是在多次互动博弈中形成的有效策略。从整体来看,县镇基层政府的参与策略有效性高,基本达到了获取土地资源的预期目的,而对于村民来说其参与的策略有效性低,虽然取得了一些进展,但暂时没有达到村民的预期目的,仍在争取中。

第二,从参与过程中双方的主动性看。在西方,公民参与理念的深入,以及土地私有化制度的推行,保障了公民在公共决策的事前、事中和事后都有参与的机会,在这种制度平台下,旅游开发中社区也是积极参与的,而且在旅游社区参与中有一定选择权和控制权[①]。而在中国,保继刚和孙九霞认为[②],社区几乎都是被动参与旅游,由于被动的社区村民的强烈抗争,往往导致相对强势的政府和企业一起陷入被动。对于保继刚和孙九霞的"由于被动的社区村民的强烈抗争,往往导致相对强势的政府和企业一起陷入被动"的说法,本文持保留意见。就M村的拆迁征地事件来看,基层政府在整个事件中相对村民来说都是主动的,县镇政府为引进外来投资,以新农村建设的名义对M村拆迁征地,在此过程中,采取各种策略的目的是为了获取土地。虽然M村村民进行了维权抗争,而且在此过程中县镇政府也面临着上级政府要求维稳的压力和社会舆论的谴责,面对这些压力与谴责,基层政府有所让步,如多给村民拆迁补贴、与村民谈判,但总的来看,给予村民多少拆迁补贴,以及和村民谈判的决定权依然掌握在县镇政府手中。无论M村村民上访和上告到哪一级政府和法院,最后问题依然还得回到本县来解决,最终的主动权依然在基层政府手中。因此,与其说县镇基层政府在社区村民强烈抗争中陷入被

---

① 保继刚,徐红罡,Alan A. Lew. 社区旅游与边境旅游. 北京:中国旅游出版社,2006(11):29 - 30.

② 保继刚,孙九霞. 社区参与旅游发展的中西差异//保继刚,徐红罡,Alan A. Lew. 社区旅游与边境旅游. 北京:中国旅游出版社,2006(11):26 - 30.

动,还不如说基层政府是在"以势摆平"。这里的"势"是权势、法势、钱势和气势,简而言之,就是政府利用自己的强势来摆平博弈①。

从村民的角度看,无论是拆迁过程中的"拖"策略,还是针对县镇政府的行动策略采取的问题化构建策略和依法抗争策略,既是对政府行动策略的一种被动反应,也是对政府行为的一种主动应对。称之为被动反应,是因为其是村民在严重不知情的情况下,自身生存空间和利益受到威胁的时候的一种本能反抗,这种反抗不带有任何政治因素,没有组织性。如拆迁过程中的"拖"策略就是一种村民的被动应对策略。又称之为主动应对,是因为其是当村民意识到拆迁征地给他们带来的后果时,所采取的有意识、有组织的表达方式。如问题化构建策略、依法上访与上告。虽然这种有组织的表达方式,正如应星所说,具有权宜性和双重性,甚至在政治上具有模糊性②,但这种表达方式也有自己的目标和逻辑,村民可以为自己争取一定的生存空间,可以使村民"争口气"的想法得到释放,可以迫使基层政府关注村民的诉求。因此,对村民来说,在事件参与过程中相对基层政府而言是被动的,但在参与过程中仍有一些主动性,把握住这些主动性,可以实现村民的部分诉求。

第三,从参与双方的力量对比、达成协议的成本及与村干部的关系紧密性看。在西方,旅游社区、政府等各方力量之间对比相对均衡,政府起相对主导作用,旅游社区可以维护自己的权益,并能与政府和开发商相抗衡。同时,民间还有非政府组织(NGO)等援助和制衡力量,而政府只是介入一些旅游规划中的基础性工作。西方社会政府与社区之间力量相对均衡,因此,政府与社区之间互动时往往采取平等协商的态度,而且政府与社区分工明确。政府主要负责旅游规划前期过程中的一些基础工作,而社区则借助非政府组织的支持与援助来规划当地社区的发展③。在中国,旅游社区与政府之间力量相

---

① 董海军."作为武器的弱者身份":农民维权抗争的底层政治.社会,2008(4):34-58.
② 应星.草根动员与农民群体利益的表达机制.社会学研究,2007(2):1-23.
③ 保继刚,徐红罡,Alan A. Lew.社区旅游与边境旅游.北京:中国旅游出版社,2006(11):30-32.

差悬殊,政府起主导作用,政府可以利用强大的动员能力调动行政、司法等各方力量。在 M 村事件中,县镇政府在拆迁征地过程中充分展现了政府的动员能力,调动了县相关各部门人员,借助行政、司法、公安等各部门的力量,在村两委的协助下进行拆迁征地。在这种权力威慑下,与之相抗衡的社区力量则比较弱小。由于村两委偏向政府,不能维护村民的权利,加之民间各类非政府组织缺失,导致村民处于孤立无援的境地,在不知情的情况下失去了土地。在 M 村拆迁征地过程中,有部分村民进行了维权斗争,并取得了一定的效果,但这不足以改变力量对比中的"政府强势—民弱势"的政府主导型格局。政府在事件中的强势身份,决定了对于旅游开发过程中各项谈判政府和开发商说了算。政府和开发商制定了 M 村的旅游规划,确定了旅游开发等事宜,甚至村民拆迁征地补偿款和村民就业等也是政府事前根据相关政策做的安排,而这一切,村民却不知情。从事件发展的过程可以看出,村民根本就没有说话的权利,而且政府也没有给村民这样的权利。很多 M 村村民是在看到了拆迁公告之后才知道村子要被开发的,基本上在此过程中村民讨价还价的余地小。村民为了获得与基层政府谈判的资格,争取自己的权益,也进行了维权斗争,通过上访上告等策略获得了与政府谈判的资格,但也仅仅限于模糊的利益争取层面,还没有扩展到权利的争取层面,而且在争取利益过程中,村民上访代表还遭遇了镇政府的警告,面临"安全性"与"合法性"的双重困境,付出的代价与成本很高。

村民在维权过程中付出了很高的成本,而高成本的付出很大一部分原因在于村干部和村民之间的关系。村干部与镇干部之间存在着一种相互利用的互惠关系,而这种关系自然会发展出一种传统的干部庇护关系,导致保护主义政治蔓延[①],而这种乡村干部之间的庇护主义,造成了乡村干部之间关系的紧密性。虽然村干部的合法性来源于社区,但村干部的双重代理人角色和

---

① 荣敬本,等.从压力型体制向民主合作体制的转变:县镇两级政治体制改革.北京:中央编译出版社,1998.

公共角色与私人角色的混合,造成了 M 村村干部的"赢利型经纪"的特征。村干部的作用不是为了保护村民,为村民谋取福利,而是为了自身获取私利。在 M 村调研时,我曾问一位村民"村干部是如何保护村民的?"村民很是不解地反问我:"村干部和县镇干部是一样的,在拆迁过程中自己带头拆,非常积极,他们怎么会保护我们?"可以看出,村民与村干部之间存在着不信任,对于村民来说,村干部不是保护自己的人,而是与自己对立的人。

第四,从参与双方的参与逻辑、参与困境看。在事件中双方之所以采取上述的博弈互动策略,从县镇基层政府的角度看,有其主客观原因:主观原因主要是基于地方旅游经济发展的良好愿望。客观原因主要有三个,一是内部财政支出的压力;二是上级布置的"保增长、保民生、保稳定"的任务压力;三是地方预算外土地获利的冲动。而对于村民来说,虽然是被迫参与到事件中来,但其之所以在与政府的博弈中采取相应的策略也有其现实的原因。一是现实的利益驱动;二是生存的压力;三是"气"的推动。虽然双方都参与到事件中,但却都面临着自身无法解决的困境。对于县镇政府来说,政府在拆迁征地事件中对村民的作为,导致其在村民心中的形象和声誉损失严重,村民对政府公共权力的公正性缺乏认同。对村民来说,也面临着可能遭到基层政府打击报复的安全性困境和政治上的合法性困境。从参与双方的博弈过程看,双方基本上处于一种对立冲突状态下的互动,是一种竞争性的互动,而不是良性的互动。

第六节 拆迁与征地事件的结果

M 村的这一事件暂时告一段落,M 村一部分村民表示不会放弃,今后还要上访和上诉,但大部分村民表示"胳膊拧不过大腿"、"民不与官斗",他们不愿再为这件事纠结,无奈地选择了政府为他们的安排,然而县镇政府承诺村民2011年能迁入新居的"豪言壮语"也未能实现，截至2012年新年之际，M村村民依然散落在各地，等待迁入新家的通知。2011年10月底，笔者曾回访M村，在M村旁边的H村找到一户M村村民。男主人告诉我目前他们仍在等待迁入新居的通知，然而这不是最重要的事情，男主人最担心的还是今后的生存问题。以前是靠干农家乐和种地为生，今后从事什么工作他也很困惑，更令其心烦的是他担心自己家的户口"农改非"。户口一旦"农改非"，意味着国家的各种农业补贴就都没有了，这对普通村民来说是"雪上加霜"的事情。与村民近况不同的是，县镇政府推动的GBSZ国际休闲度假旅游区项目在2011年却进展迅速。2011年10月底，笔者曾到离T长城最近的M村二三队村民住处，发现路口封闭，有两名保安把守，进出施工车辆络绎不绝，村内依稀可见几排尚未拆除的民房，施工现场一片忙碌。2011年Q公司集团子公司北京GBSZ旅游有限公司分别以2.59亿元人民币和1.94亿元人民币取得了GBSZ国际休闲度假旅游区一期和二期项目的用地，两项用地约合71.78万平方米，原来名义上用于公益用途的"新农村建设"用地，彻底变成了旅游商业用地。笔者粗略算了一笔账，县镇政府在整个M村拆迁征地中使用的费用大约为1亿多元，而Q公司集团旅游项目建设用地投入资金为4.53亿元，对于县镇政府来说，扣除拆迁征地补偿成本，那么也就意味着县镇政府将有3个多亿的财政预算外收入进账。从目前整个事件的结果看，县镇政府成为最大的受益者。既引来了投资，发展了县镇域内的经济，完成了发展任务，又增添了政绩，获得了预算外收入，是一举多得的事情。Q公司集团在县镇政府的出面干预下，获得了想要开发的土地，避免了商业征地的麻烦。县委书记在2010年8月M村新农村建设搬迁工作总结大会中曾说过：Q公司的项目"为M村的村民干了一件大好事"。到底是不是为村民干了一件"大好事"，也许只有M村村民心里的答案才是最真实的。

本章小结

　　本文从国家社会权力结构视角,以京郊 M 村的旅游拆迁征地事件为个案,从基层政府和村民两个权力主体出发,重点考察了事件中两权力主体参与旅游拆迁与征地事件过程中的行动策略、参与逻辑、参与困境与参与特征,概括如下:一是从参与双方的参与策略有效性看。县镇基层政府的参与策略有效性高,基本达到了获取土地资源的预期目的;而对于村民来说,其参与的策略有效性低,虽然取得了一些进展,但暂时没有达到村民的预期目的。二是从参与过程中双方的主动性看。县镇基层政府的参与基本上是主动的;对于村民来说,基本上是相对被动的参与,在参与过程中有时也能掌握一些主动性,但最终还是被基层政府"以势摆平"。三是从参与双方的力量对比、达成协议的成本及与村干部的关系紧密性看。县镇基层政府处于强势地位,动员能力强,与村民达成协议的成本低,且得到了村干部在工作上的紧密配合。而村民则处于弱势,动员能力弱,与基层政府讨价还价的余地小,且与村干部关系松散。四是从参与双方的参与逻辑、参与困境看。县镇基层政府参与逻辑是既有促进当地发展的良好愿望,又有现实的客观压力,由于拆迁征地事件中对村民的各种不良作为,导致村民对基层政府公共权力的公正性缺乏认同。而村民参与事件的逻辑主要是基于现实的利益驱动、生存的压力和"气"的推动,并面临着可能遭到基层政府打击报复的"安全性困境"和政治上的"合法性困境"。

第四章 社区内部权力结构视角下旅游事件的社区参与分析

第一节 北S村景区承包与并购事件分析

一、景区承包与并购事件产生的背景与过程

J风景区是S镇北S自然村于1995年开发的旅游风景区,1996年对社会开放,位于S镇北S村西,距北京88公里,总面积18平方公里(约合27000亩),是国家AA级自然风景区,风光秀丽,是避暑旅游的好地方。北S村J风景区原属北S村集体出资筹办,是当时S镇成立较早的景区之一。由于开发景区内部建设急需资金,而当时村生产队又紧缺资金,加之景区开发与经营管理又都是新鲜事物,投资景区能否获得收益还是未知数,村民对景区开发持观望与谨慎的态度。1996年S村委会决定,J风景区在全村范围内公开招标,以个人租赁的形式将景区承包15年,规定承包金额为3万元起,出价高者得之,承包费用一次性缴清。由于景区属于北S村集体,因此,村两委决定,北S村民有优先承包权,但当时北S村民还没有承包景区的经验,全村人均收入较低,以经营山林、种植果树为生的村民负担不起承包费用,要承包景区就得贷款,村中有几个村民曾想合伙承包,但又怕经营不善而背上沉重的债务包袱而放弃了。

"那个时候大家都不敢承包,怕失败了。大家都不懂景区经营,没有经验,当时承包费用就三万,真是拿不起。"(ZQS-B1,男,47岁,初中,从事民俗旅游接待)

虽然大多数村民不敢承包 J 景区,但也有少数村民敢于当"尝螃蟹"的人,这其中的代表人物是北 S 村的生产队队长李山和南 S 村的村民伟民。李山是当时 S 村党支部书记春明一手培养起来的,是春明书记的嫡系,北 S 村的许多事情只要春明一句话,李山就得照办。而伟民是当时 S 村主任宝林的亲弟弟,曾任南 S 村生产队队长,曾因为在任期间自己承包村中山场,多占了村民的山地,与村民发生纠纷被人告发,幸亏其哥哥宝林从中周旋才将事件平息下来,但因为这件事,伟民在村中威信扫地,也不能再担任南 S 村生产队队长了。由于两个人在村中都很有背景,因此村中其他想承包景区的村民都很"无奈"地放弃了。因为他们没有村支书或村主任的这样的人情关系,即使参与竞争最多是个陪衬。北 S 村中一位当时想承包景区,后来又放弃了承包想法的村民就是其中的代表。

"他们两个人在村里都很有关系,我和村里的关系不如他们,我也竞争不过他们。在这个村,说白了,书记主任认可你,就是你的。根本没什么竞争。"(RKZ-B2,男,41岁,初中,从事民俗旅游接待)

在李山和伟民的这场利益博弈较量中,李山凭借自己北 S 村生产队队长的优势,以及与村支书春明的关系最后胜出。李山承包景区后,J 景区从 2000 年开始每年赢利百万元以上,但村民除了每年春节时能够从村里领到 1 桶花生油以外,没有分到其他的收益,村中村民感到了不公平,因为不管怎么说这景区都是集体资产,而且李山作为村生产队队长,有责任为老百姓谋取福利。

"他作为生产队队长,村里的景区都归他了,他就有责任给村民谋取一些利益,但他承包后我们什么都没有,都让他一个人赚去了。"(CTX-B3,女,43

岁,小学,从事民俗旅游接待)

"每年1桶花生油,承包的时候说是代表村民的利益,承包后变成了自己的利益,我们老百姓什么都没拿着。"(GMZ-B4,男,37岁,小学,镇政府的保安人员)

虽然村民觉得李山侵害到了他们的集体利益,村民多有怨言,但是谁也不愿意先提出来得罪生产队队长,因为以后可能还有有求于李山的时候。再退一步说,李山是村生产队队长,得罪了他今后可没有什么好处,还可能会遭到报复,这是村民最担心的。在乡土社会,得罪了村干部,村民的生存资源与环境就可能会遭到破坏,其在村中往往会处于比较尴尬的位置,后果是很严重的,因此村民往往选择沉默和漠不关心[①]。同时,为了缓和与村民的对立,李山允许村民到景区工作和搞一些经营,这也有效地缓和了村民与李山之间的矛盾,村民并没有进一步去向李山追究这件事情。

"我们村有十四五人在景区上班,每月750元,主要是检票、景区保安和环卫。村里有一部分妇女在景区内卖矿泉水和饮料,不收取任何费用,一个月能挣800多元。"(CTX-B3,女,43岁,小学,从事民俗旅游接待)

2005年,Y县政府为了促进旅游业的进一步发展,整合Y西线旅游资源,实现W山大景区的规划目标,计划投资5亿元打造W山风景名胜区,并分别于2005年和2007年制定了《W山生态旅游区总体规划》(2005—2020)和《W山总体规划》(2007—2020)。为了更好地落实与完成两个规划的内容,Y县政府成立了W公司。该公司系Y县所属的全民所有制企业,注册资本1000万元,主要致力于W山风景名胜区的开发与建设。北S村的J风景区位于建造的W山景区的东部入口处,属于Y县W山风景区规划的重要部分,为了完成W山景区的一期开发规划任务,W公司于2008年提出并购J景区的计划。2008年初,李山队长得知要并购J景区的消息后,感觉到转让J景区的机会来

---

① 吴毅."权力利益的结构之网"与农民群体性利益的表达困境——对一起石场纠纷案例的分析.社会学研究,2007(5):21-45.

了。因为J景区他已经承包了12年,按照当时的15年规定,还有三年到期,本来他认为到期后还可以继续承包,因为春明书记私下里也答应过他,到期后可以再让他承包15年。然而令人意想不到的是,2007年村委会换届选举,春明书记与宝林主任在竞争党支部书记的过程中,两人竟然都落选,而党支部中一名普通的支部委员佐英成功当选书记。最后,春明被选为村委会主任,而宝林主任则意外落选。村两委权力格局的变化,给李山队长继续承包景区的计划带来了变数与风险,继续承包景区的把握变得不是那么大了,而就在这个时候,他听到了县政府开发W山要收购J景区的消息。

"2008年我承包J景区12年了,干个景区不容易,很操心,好多事情你得处理,还得协调各方面的关系,而且村里的人看我经营景区好多人也眼红,说什么的都有。2007年村里换届选举,书记换了,春明书记当了主任,我还是生产队队长。我本来考虑着继续承包景区,但新上来的书记劝我注意影响,如果继续承包的话怕村里人向上面反映意见,最好将景区包给其他村民。我想了一下,也同意了。2008年初,开发W山的W公司要并购J景区,这可是政府制订的计划,我们必须配合。"(DK - B5,男,47岁,高中,北S村生产队队长)

2008年5月,李山没有经过北S村村民同意,与北京W公司签订了并购合同,同意W公司租赁景区70年。在这场交易中,村民很快就明白过来自己村的集体资源被转让了,而大部分补偿收益都流入村生产队队长李山手中了。

"以前J景区是村官的,地盘应该是归村里头的地盘。现在人家把地盘都给卖了,老百姓得到的很少,他得了几千万。村里头什么好处都没有。"(RKZ - B2,男,41岁,初中,从事民俗旅游接待)

"W公司给J景区补偿,人家(李山)签字,老百姓也没见到。他承包这一条沟(J景区),他一个人富裕了,最困难就是我们老百姓,没地,没山,没果树。不弄旅游,生活都成问题,像我们文化程度不高,上外面上班也不现实。"

(ZQS-B1,男,47岁,初中,从事民俗旅游接待)

村民对W公司也有很大的意见,以前J景区个人承包时,村民是可以在景区从事一些管理工作的,也可以搞些经营,获取一些收益,但现在W公司在签订合同后就立刻着手改造景区,将景区关闭,景区用铁栏杆围起来,将原先景区雇用的本村人全部辞退,聘请外来人员开发与管理景区,还不让本村人靠近景区,村里人感到自己的资源被别人侵占了,还没有得到任何的补偿,心理很不平衡。

"以前J景区改造前,公司领导说村里没工作的先安排工作。现在J景区改造了,雇用的都是外地的人。村里好多人没有班上要么在家里待着,要么出去卖苦力。有开出租的,有给人当搬运工的。现在没有办法,山也没了,地也没了,不搞旅游没有出路,没有挣钱的路,我们得生存。如果W公司有一个好领导,起码得给我们村老百姓上养老保险,给年轻人找景区的工作,这样的待遇应该有吧,现在像这样的待遇都没有。"(CTX-B3,女,43岁,小学,从事民俗旅游接待)

由于利益分配不均,引起了村中非体制精英、普通村民的强烈不满,继而引发了北S村中体制精英(李山)、非体制精英以及村民之间的博弈。

二、景区承包事件参与策略

(一)村体制精英承包景区的参与策略

1996年,时任北S村生产队队长的李山想承包景区的原因有两个:一是他是北S村生产队队长,而J景区是北S村的集体资产,他最有资格、最有条件承包这个景区,而且在北S村多数村民心里没有底、不敢承包的情况下,他也需要来带头承包,实现村干部带头致富的作用。二是经过一年的J景区管理经验的学习与积累,他初步了解了景区的运作规律,对经营管理景区有一定信心。

"我认为承包景区我还是有优势的,我懂得经营管理,我边干边学,学了不少经验。向黑龙潭景区学习管理,我在那里观摩学习了两个多月,我还去黄山那学习了,人家确实有经验。当时,我们村没有几个敢承包的,都怕经营失败,我是村干部,就得我来承包,我不承包村集体资源就让南S村的人包去了。"(DK-B5,男,47岁,高中,北S村生产队队长)

但他的不利条件是其家中实在拿不出3万元承包费用,而南S村村民伟民却有这个实力。他听说伟民想出价4万元承包景区后,立刻采取了对策。

首先,他凭借与村支部书记春明的关系获得支持。李山首先找到了村支部书记春明。春明虽是S村的一把手,但由于其在村中威信并不太高,村委会中许多事务村主任宝林也不与他商量,这让他很恼火,两个人因此面和心不和。春明向李山许诺,一定支持李山承包景区。李山表示承包费用3万元实在拿不出,春明表示这个可以商量,鼓励他参加承包竞争。

"大队书记对我承包景区的事情还是很支持的,他说我是北S村干部,又有管理景区的经验,就应该带这个头。我说承包费用我拿不出,书记说这个可以商量,可以先少出一些,剩下的以后再补上,并表示村委会这边他可以帮忙协调。"(DK-B5,男,47岁,高中,北S村生产队队长)

其次,控制北S村代表。取得村支书的支持后,李山感觉成功的把握大了一些,但他要承包成功还需要北S村村民代表投票表决同意。北S村共有8个村民代表,差不多每13户选1个代表。《S镇村民自治章程》中关于村民代表的选举的规定是"村民代表必须经村民选举产生,村民代表由5~15户中的村民直接选举一名代表",然而现实的情况却是北S村的村民代表往往是由李山生产队长指定的,指定的标准就是"任人唯亲"。全村所有8个村代表都是他选定的,这8个人中有3个是他的嫡系亲属,2个是北S村干部,另外3个人也同他关系密切。结果可想而知,全体村民代表都支持李山队长承包J景区。

"我们村的村民代表不是选出来的,你想当村民代表必须是他(李山)的人才可以,哪有什么标准,说你是,你就是了。他选的人都是他的亲属或村干部,这些人和他来往密切着呢。"(GMZ-B4,男,37岁,小学,镇政府的保安人员)

"我们村的代表都是生产队长的人,跟他关系不好的没有份,表现再好也没用,什么都没你的。"(RKZ-B2,男,41岁,初中,从事民俗旅游接待)

其三,强调承包的优先权。获得村民代表支持后,李山充分利用自己是北S村生产队队长兼村委会委员的优势,在S村委员会上提出了北S村的集体资源北S村村民有优先承包权,北S村村民如果不想承包的话,也可考虑南S村村民承包。这种提倡优先权的做法获得了书记的支持,并在S村委员会上获得了以村书记为首的多数委员的通过。

"我在大队会议(村委会)上重点说明了我们北S村的村民意见,那就是集体资源必须掌握在北S村村民手中,我们有优先权。北S村村民都不敢承包,那我得带头搞承包,不能让其他村子的人来分我们的利益,这就跟股份公司一样,我们同意出让股份,别人才能买。我们村大队5个委员,我回避,临时加上我们妇女主任,最后5个委员投票,3个同意我承包,宝林(村主任)和克如(南S村生产队队长)同意伟民承包,少数服从多数,就让我承包了。"(DK-B5,男,47岁,高中,北S村生产队队长)

其四,支付承包费用。在获得村委会委员的同意后,承包价格经过与村大队商量,李山以3万元的价格将J景区承包下来,承包期限为15年。而实际向村大队交钱的时候,由于李山当时自己没有钱,经与村支部书记春明商量,承包费用仅交了8000元。

"说是三万元,实际上他(李山)就交了8000元,还是他向别人贷的款。当时他没有钱,春明书记就同意他交8000元,宝林主任不同意。后来书记出面,让李山将剩下的钱以后再补上,为这件事情我找过镇长反映,镇长把村大队书记和主任都叫过去了。我哥(村主任宝林)回来后跟我说,镇长让李山将剩余22000元补上,让他们去做工作。后来李山向北S村生产队打了个白条,说暂时没钱,欠着生产队的,他又是生产队队长,还不是自己欠自己的。"(WM-B6,男,39岁,小学,外地做生意)

"我们查村里账目的时候,发现他(李山)当时承包景区时仅仅交了8000元,还有一张白条,上面写着欠北S村村委会22000元,后来将剩余的钱给补上了。同时,还查出他在承包J景区的时候欠生产队30600元,后来他也补上了,因为这两件事,他也没有入上党。"(CA-B7,男,44岁,初中,从事民俗旅游接待)

其五,承包过程中将自留山私人化。李山虽然承包了J景区,但协议中却没有明确承包景区包含的山地面积,仅规定了承包景区的经营权和收益权,而景区所包含的山地仍然权属不清。李山承包景区后,将村集体所属的自留山划归景区内①。

"他(李山)承包景区后,就将景区村集体的大片自留山都包括在景区中,后来他还请林业部门人员实际丈量景区包含山林面积,还通过私人关系从镇林业站开出证明,将11平方公里山地划分在自己承包景区范围内。"(ZQS-B1,男,47岁,初中,从事民俗旅游接待)

"生产队队长(李山)将我们集体自留山林都划到他自己的景区中,当时我们都不知道,后来景区卖给W公司后我们才知道这事情。这事他没有经过村民同意,是不合法的,但他有林业站的证据,他在镇里有关系,村民拿他没办法。"(CA-B7,男,44岁,初中,从事民俗旅游接待)

(二)村非体制精英承包景区的参与策略

南S村村民伟民是典型的村落非体制精英,他早年有过经营服装生意的经历,还承包过工程。这些经历不但使他积累了一些资金,更重要的是使他有了一种商人的嗅觉,在得知J景区要承包的消息后,他就立刻觉得这是好机

---

① 该自留山为16500亩(约合11平方公里),原为北S村集体的所有山林,景区成立后,划归给景区。这部分资料根据笔者2010年9~10月村中调查时村民访谈资料整理。

会,因为他有优势:一是他有资金,在当时的整个城村他算是屈指可数的几个富人之一了;二是他的哥哥宝林是村主任,能提供很大的帮助;三是他自己也有经商和承包经验,经营管理景区也比一般人学得快些,而且他还打算景区承包成功的话,将雇人来经营景区。

"我当时是有考虑的,我能出得起承包费用,四五万不成问题,别人很少有这个能力。我有经商和包工程的经验,那些年我在深圳、北京都做过生意,也赚了点钱,有十几万呢,那是1998年左右的时候,这钱也算不少了。后来干了个村生产队队长,没啥意思,在农村一年到头能赚几个钱?不干点什么以后一家老小都养不起。我哥哥宝林那时候是村主任,我想他可以帮我一下,但他和书记的关系没有处好,这件事也没有成。我要是承包成功的话,就雇人来干景区,我不插手。"(WM-B6,男,39岁,小学,外地做生意)

为了尽快实现自己承包景区的想法,伟民首先找到了自己的哥哥——村主任宝林,说明自己承包景区的想法,并给春明送礼打探消息。

"我跟我哥(宝林)说了我要承包的事情,他支持我,但他也让我去找春明书记再谈一下。我准备了一份礼物去找春明,向春明说了我的想法,并表示如果成功的话,给他四万元答谢。春明收了礼物,表示会支持我参与竞争,但书记对我说这是北S村的事情,还是让北S村的人承包好,如果北S村没人承包,就考虑我。"(WM-B6,男,39岁,小学,外地做生意)

经春明书记这么一说,伟民顿时感到心里没有了底。伟民立刻行动起来,托人打听北S村方面的消息。当他得知北S村生产队队长李山要承包的消息后,马上找到自己的哥哥宝林,让他再找书记谈一谈自己的事情,争取获得书记的支持。

"我哥找书记谈我的事情,希望书记同意让我承包,但书记说这是北S村的事情,李山又是北S村的生产队队长,应该让他承包。我哥说既然是面向全村公开招标,应该谁出的钱多给谁。最后商量的结果是对我和李山两人的情况在村委会上讨论并投票通过谁承包。"(WM-B6,男,39岁,小学,外地做

生意)

听到要通过村委会讨论承包的事情,精明的伟民立刻又准备了礼物,送给了三个村委会委员,希望获得他们的支持。

"我准备了礼物,送给了三个村委,克如表示支持我,其他两个也说支持我,我当时还很高兴,村委会投票的时候他们却投了李山的票,景区承包给了李山。"(WM-B6,男,39岁,小学,外地做生意)

在景区承包的竞争中,伟民败给了李山,还搭上了很多买礼物的钱,他觉得很不服气。当他通过宝林得知李山仅交了8000元承包费用的时候,他没有经过村大队,而是直接找到了镇长反映了这一情况,结果是镇长让村支书春明和主任宝林解决这件事情。

"说实话,他(李山)承包了景区,我心里不服。我当生产队队长的时候,他还不是村干部。说是三万元,实际上他(李山)就交了8000元,还是他向别人贷的款。当时他没有钱,春明书记就同意他交8000元,宝林主任不同意。后来书记出面,让李山将剩下的钱以后再补上,为这件事情我找镇长反映过,镇长把村大队书记和主任都叫过去了。我哥(村主任宝林)回来后跟我说,镇长让李山将剩余22000元补上,让他们去做工作。后来李山向北S村生产队打了个白条,说暂时没钱,欠着生产队的,他又是生产队队长,还不是自己欠自己的。"(WM-B6,男,39岁,小学,外地做生意)

伟民决定利用这件事情作为翻身的机会,于是他找到了书记春明。

"我跟春明书记说,李山承包的钱如果不补上,我就把这件事情说出去,凭什么他不出钱就能承包景区呢?书记跟我说,他已经跟李山说了让他马上将钱补上。我跟书记说,我觉得这事对我不公平,必须有个说法。"(WM-B6,男,39岁,小学,外地做生意)

为了阻止事态扩大,尽快平息这件事情,书记春明主动找到主任宝林,提出给伟民北S村一块20亩山地作为补偿。伟民见得到了利益,于是就不再提这件事情。

"书记春明找到我哥(宝林),转告我说在北 S 村给我一块 20 亩的山地,承包 30 年,希望我不要再散播这个事情。我哥(宝林)也劝我见好就收。我也不想得罪村支书,就要了这块地。"(WM-B6,男,39 岁,小学,外地做生意)

三、景区并购事件参与策略

(一)村体制精英景区并购事件中的参与策略

第一,景区并购未征求村民意见。W 公司为了开发 W 山生态旅游区,于 2008 年提出了并购 J 景区的计划,生产队队长李山也不想再承包景区,2008 年 5 月,Y 县下属北京渔阳旅游集团公司负责人德山,通过 S 镇副镇长介绍,在 S 镇政府与李山接触。经过几次协商,初步提出了征用 J 景区的协议。

"本来打算征地的,但由于国家对土地征用有严格的限制,需要市级以上部门批准,为了减少麻烦,该协议经多次修改,改为并购景区,以租赁的形式并购景区 70 年,实际面积以林业部门测量为准。经过 1 个多月的核算,W 公司以 1600 万元的价格整体并购 J 景区,总面积为 18 平方公里(约合 27000 亩)。由于当时公司也没有多少钱,由县政府担保,每五年支付一次并购费用,分 10 次支付,李山以北 S 村生产队队长和承包人的身份在协议上签的字。"(QJ-B8,男,45 岁,大学,镇旅游中心主任)

然而这次签字并没有征求村民的同意。根据《中华人民共和国村民委员会组织法》(修订版)①第二十四条规定,"以借贷、租赁或者其他方式处分村集体财产要召开村民会议讨论或授权村民代表会议讨论通过方可办理"。同时,《S 镇村民自治章程》②第三十条也规定了"凡涉及村集体重大经济的承包、租赁、转让、转包、转租、拍卖项目,期限方式、款额必须提交村民大会或村民代表会议讨论决定,其他任何组织或个人无权决定"。李山在协议上签字

---

① 该法由中华人民共和国第十一届全国人民代表大会常务委员会第十七次会议于 2010 年 10 月 28 日修订通过。网址为:http://www.gov.cn/flfg/2010-10/28/content_1732986.htm。
② 引自《S 镇村民自治章程》第四章第三十条,该章程 2007 年 8 月 1 日起执行。

后,北 S 村村民并不知晓,直到 7 月份村里召开村民会议后村民才知道这件事情。

"他(李山)把景区卖给别人我们百姓当时都不知道,后来村民代表开会回来后才告诉我们的。这景区虽然是他承包的,但这也是村集体的财产,他不能说卖就卖呀! 不过我们村的所有干部都这样,只考虑自己。"(RKZ – B2,男,41 岁,初中,从事民俗旅游接待)

"景区被人家收购的消息我是听别人说的,我们这个村队长(李山)干什么事情都从不让村民知道,好处都是他的,我们老百姓什么好处也没有的。"(WCH – B9,男,34 岁,高中,从事民俗旅游接待)

第二,2008 年 7 月,李山在签订了并购协议后,紧急召开了一个北 S 村村民代表会。会上全体村民代表讨论并通过了 J 景区补偿租金分配方案。

"我是原北 S 村村民小组代表,2008 年 7 月份的时候,一天晚上我接到村生产队队长(李山)的通知去村大队开会。会上李山说,这是县政府开发 W 山的大规划,乡镇村领导干部必须配合,W 山景区建成后北 S 村村民也受益,并说他代表村生产队已经和人家(W 公司)签了 1600 万元的合同。开会的目的就是讨论下一步的资金分配方案,他(李山)把自己的分配想法说了,就是按照在景区内山地承包的年限以每亩 500 元标准分配,这样的分配方案肯定是景区内承包的土地越多越合适,我家里在景区内没有承包果园,这样的分配方案我不太同意。我和另外两个代表就没表态,而表态同意的都是景区中有林地的。最后,他(李山)让我们在会议记录上签个字,我刚开始没签,说考虑一下再签。后来我回家后,他(李山)打电话给我说可以给我家批一块宅基地,我说那我可以签。2010 年,村民代表改选后,我就不当了,直到现在他(李山)答应我的那块宅基地也没兑现。"(NLS – B10,男,37 岁,初中,从事民俗旅游接待,村代表)

召开村民代表会不久,北 S 村又召开了村民大会。村大队书记佐英和村主任春明参加了会议,李山在会上宣布了北京渔阳旅游集团并购(或租赁)J

景区一事,并简单告之村民并购协议书的内容。鉴于所租赁的景区涉及北S村部分农户的承包山林地,因此李山代表北S村生产队提出了补偿方案。该方案分三部分:一是山林地的补偿,每五年补偿一次,每次每亩补偿500元,以30年为标准,补偿年限为实际承包年限,承包剩余年限的补偿金额则收归北S村集体所有,用于北S村的公用事业;二是地上物(如果树、核桃树等)的补偿,按照每棵树平均年产量给予八年的一次性补偿;三是全体村民以户为单位每户发放景区6000元红利,每五年一次。李山告诉村民该方案已经由村民代表会议通过,并告诉村民这个会是一个通告会,然而,村民却有不同的意见。

"这个方案我就不同意,我家没有山地在景区内,只能领取6000元红利,这是集体的资源,凭什么那些承包的人就能有补偿,我们没地的村民就没有。会上有村民对于这个分配方案表示不满,村民王××站起来表示方案需要全体村民投票表决,一些村民表示赞成,春明等村干部却没有理会。后来,春明主任代表大队村委会说村代表的决议是合法的,不需要再讨论,就这么定了,有不同意见可以会后再提,会议就散了。"(WCH-B9,男,34岁,高中,从事民俗旅游接待)

"在景区内没有林地的村民认为既然景区是集体资源,那就应该每户平分补偿金,不应该按照承包土地的年限给予补偿。而在景区内有林地的村民则支持生产队队长的提法。大家都有自家的想法,后来大队主任(春明)出来说话,说这个方案是经过村两委讨论的,还征求了村民代表的意见,村民代表一致通过,并拿出了村民代表的签字。村大队主任说召开这个会就是个通气会,该方案已经由村民代表讨论通过,不需要村民表决。如果是告诉我们这事情,不让我们发表意见,那还开什么会,就是走形式,封住我们的嘴。"(CTX-B3,女,43岁,小学,从事民俗旅游接待)

第三,补偿金分配因人而异。虽然召开村民大会公布了景区租金补偿分配方案,但生产队却并未明确J景区内承包户的具体补偿金额,而是采取了"因人而异"的分配策略,即由李山根据村民的实际情况,采取不同分配方案。

"当年也跟村主任关系很好,因为景区占我家果树地的原因,他(李山)侵害到我们的利益,我们就跟他闹了起来,关系恶化了。村官(李山)私自把属于我家的景区内的九亩五的地划分给我三哥,钱被人家都拿去了,并且我们没有拿到任何补偿。村官还弄了假的山地证明给我们,回来我们就发现那个章不是乡里的章,是村里的。生产队队长私自把我们的地给了别人,这是我们自己的山地,是父辈留下来的财产,你当官的凭什么把我们的土地私自给别人。村主任选我三哥当代表开会、办理一些事务,一年能分几千块钱,村官把我的地给三哥后,三哥从中得利益了,也就说村官好。五年之后这山还得分钱,我们还是得不到钱,现在的地名义上就在我三哥手里。我们去找林业站,林业站承认这片山地就是归我们的。林业站给我们开了张证明,我们手里有手续,但是那个钱(景区补偿金)让我三哥领去了。现在五年分一次钱,到了五年之后又跟我三哥少不了一顿架,不经法院就不行。"(CA – B7,男,44岁,初中,从事民俗旅游接待)

"我们村有十五六户外搬户,大都是2003年和2004年左右搬迁到我们村的,这些外搬户都和生产队队长(李山)有关系。在J景区补偿款分配的时候,外搬户只需要向生产队交4000元就可以享受与坐地户一样的待遇,领取6000元景区红利,而且以后不用再交了。我们这些坐地户觉得不公平,如果是泥石流搬迁,或国家政策规定必须搬到我们村的,我们没有任何怨言,但通过和生产队队长(李山)的关系进来的,和我们享受一样的待遇,我们就觉得不公平。"(WWG – B11,男,56岁,小学,从事民俗旅游接待)

"我们队长(李山)一个人拿了大部分的钱,听说怎么也得拿一千万,这个我们老百姓比不了呀,J景区成了他个人的了。这个钱他想给谁就给谁,谁去找他就给谁点,不找他就不给,老百姓都对他有很大的意见。"(RKZ – B2,男,41岁,初中,从事民俗旅游接待)

除了上述情况外,在笔者调查期间,多名村民还反映"分配过程谁也不清楚,分多少谁也不知道,反正大家拿的(补偿金)都不一样。"由于分配过程的不透明和分配原则、结果的不公正,导致北S村多数村民不满,进而引发了村中的上访和堵路事件。

(二)村非体制精英景区并购事件中的参与策略

1. 文彬在景区并购事件中的参与策略

文彬是北S村村民,党员,20世纪90年代初的时候曾当过北S村生产队队长。李山当了生产队队长后的几届选举中,文彬一直是李山最有竞争力的对手。对于这类非体制精英,贺雪峰①曾总结过其特点,即对村组事务熟悉,热心于公众事务,在村民中也有一定威望,又由于是党员,如文彬是北S村中为数不多的党员之一,有更多机会参与村务,因此他们发挥作用的途径大致有二:一是为治理精英出谋划策,二是向治理精英发难。无论采用何种办法,他们都可以引起治理精英的足够重视。文彬于2000年承包了村里位于J景区内的果园,共210亩,根据承包协议,每年需向村生产队缴纳5100元承包费用。2008年,由于J景区被W公司并购,文彬所承包的210亩果园也被收购并入W公司。当文彬得知其果园被收购后,立刻找到了李山,要求赔偿其果园损失。

"我找他(李山)的时候还没有召开村民大会呢,我是通过镇里的关系得到的消息。我跟李山说,有你的就有我的,你要是把我的果园弄没了,我就会把你的景区的事弄黄了。我这也是吓唬李山,不过我说这话也不是胡说的,李山要入党,我是党员,有说话的权力,同时我妹妹的同学孙××就是我们S镇的镇长,这层关系李山也知道。过了几天,李山来找我,说现在还没公布补偿方案呢,但初步定的标准为每亩500元,五年分一次,按承包年限给予补偿,剩余年限的补偿费用收回队里集体所有。我问他这是谁定的,他说是村民代

---

① 贺雪峰.缺乏分层和缺失记忆型村庄的权力结构——关于村庄性质的一项内部考察.社会学研究,2001(2):68-73.

表会议定的标准,我说那不行,你看着办吧。后来他补偿了我200万元,还请我吃了顿饭。"

由上我们看到了非体制精英(文彬)在向体制精英(李山)的发难过程中采取的参与策略。一是威胁对方,如果李山没有给予他补偿,那么文彬将利用各种手段给李山制造麻烦,甚至使李山的景区并购的事情失败;二是利用党员身份对将要入党的李山形成压力,如果李山给文彬的补偿费达不到他的底线,他就会制造麻烦让李山入不成党,即使李山入了党,他也可能会选择不配合李山的工作;三是利用"日常权威"。翟学伟①认为,"日常权威"是一个具有渗透性特征的概念,它不表示一种特定的空间,也不表示社会中的某些人,某一种社会等级,而是表示社会关系网络的连接和运作状态,最终为人情和面子的运作提供解释。中国人如此热衷于讲"人情"与"面子"是因为他们能将其作为一种交往工具,以此来获得他们的日常权威。显然,日常权威具有一种嵌入式的特点,它表明了任何一个想拥有权威或资源的个体为了实现这一目的,先需要将自己嵌入一种特定个人关系网络中,借此才可能拿到本来不属于他的权威,而这个权威已经不再是原来的权威了,而是日常权威,日常权威的运作使得角色与地位、规范与制度变得形同虚设,而唯有关系的连接才有意义。文彬的妹妹和S镇的镇长是同学,这层人情关系使得文彬和镇长建立了联系,文彬可以在需要的时候借来镇长的权威,即所谓"日常权威"来支配原先支配文彬的李山,从而使李山有所顾忌,不得不考虑给文彬的果园以满意的补偿。

2. 昌安在景区并购事件中的参与策略

昌安是北S村村民,曾经在北京等地承包过一些小工程,2001年后,在镇派出所当保安,家中有兄弟4个人,上面有三个哥哥,其排行老四,其大哥和三

---

① 翟学伟. 中国社会中的日常权威:概念、个案及其分析. 浙江学刊,2002(3):106-113.

哥也在本村中。根据贺雪峰①对非体制精英的分类,昌安应该属于在村中有些影响力和号召力的村民,由于其有在外面承包过工程等经历,见识面广,并处事公道,在北S村有一定的影响。在J景区并购事件中,其景区内自家果园地被李山私自转让给其三哥,结果导致昌安与李山结怨。他和北S村另外三个村民在景区并购事件中不断向镇里反映情况,一些村民就选他为上访代表,到镇里上访。

"我们四个人是比较积极的,经常一起去镇政府信访办反映J景区的各家事情,但都没什么结果。后来30多户村民集合起来,去镇政府集体上访景区分配不公的事情。由于镇政府信访办有规定,最多接待5个代表,我就被村民选中了,代表村民反映问题,我们共去反映了3次。后来,镇政府出面交代村委会查北S村村的账目,发现他(李山)当时承包景区时仅仅交了8000元,还有一张白条,上面写着欠北S村委会22000元,后来将剩余的钱给补上了。同时,还查出他在承包景区的时候欠生产队30600元,后来他也补上了。因为这两件事,他也没有入上党。查账后,镇里要求村委会书记和主任出面,协调J景区补偿金分配的事情,但没有什么结果。由于我得罪了李山,我们家的情况他也没给解决。"

昌安等4人的上访取得了部分成果,如李山将欠生产队的债务给补上了,同时,他们的上访行动还导致李山没有入上党。但昌安也付出了代价,得罪了生产队队长,自己家的事情还是没有解决。正如应星②所说,这些"乡村非制度精英"自己就是利益受损者。所以,他们的利益与其他受害农民的利益是一致的。他们既是在为私利奔走,同时也是在为公益奔走;他们既是在为民众说话,也是在为自己说话。从这一点来说,公心与私心是合二为一的。但是,就群体行动所面临的"搭便车"困境而言,他们的挺身而出仍需要一种

---

① 贺雪峰.缺乏分层和缺失记忆型村庄的权力结构——关于村庄性质的一项内部考察.社会学研究,2001(2):68-73.

② 应星.草根动员与农民群体利益的表达机制——四个个案的比较研究.社会学研究,2007(2):105-121.

特别的道德义举。而这种道德行为很可能因为得罪别人而使自己面临着所谓"安全困境"。昌安的处境正是这样,他当民意代表的目的既是为自己家的利益,也是为30多户村民的利益,然而最后他还是由于得罪了村干部而没能解决自己家的问题。

(三)普通村民在景区并购事件中的参与策略

1."分家"参与策略

"分家"参与策略是指一户家庭分出两户或多户家庭的参与旅游的策略。之所以出现分家现象,是因为北S村的福利待遇分配是和家户紧密关联的,任何福利待遇往往是以家户为单位下发,而不是以人为单位发放。自从J景区被并购后,由于规定每户可以每五年领取6000元补偿金,这种认户不认人的福利分配制度造成了北S村村民的分家热潮。

"我们村以前还都是大家庭,往往两三代人一起,自从有了按户领取福利的政策后,大家庭就少了。以前还好点,因为村中的福利不多,多点少点大家也不计较。自从J景区转给别人后,规定每户可以每五年领取6000元。而后来分户的家庭,只需要交4000元,就可以享受村民待遇,包括外搬户。大家就都想分家了,现在村中很多都是一户一人,都是些老人,他们和子女分开了,但都在一个村。以前我们村年轻人找到外面的对象后都将户口调往外面,现在结婚后全都落在村里,现在能在我们村落户是件好事情。"(CTX-B3,女,43岁,小学,从事民俗旅游接待)

"分家"策略实际上是一种日常参与旅游的策略,类似于美国学者詹姆斯·斯科特①所提出的"日常抵抗"策略形式。这种策略的特点是农民们几乎不需要事先的协调或计划,他们利用心照不宣理解和非正式的网络,通常表现为一种个体的自助形式,避免直接地、象征性地对抗权威。而北S村村民采取的"分家"策略基本符合斯科特所说的特点,"分家"策略并不直接威胁与

---

① 郭于华."弱者的武器"与"隐藏的文本".读书,2002(7):11-18.

对抗生产队队长李山,而且还具有相当的合法性和正当性,但却随着家庭户的增多,村生产队支出负担必然加重,这实际上也是变相地对抗村中权威。但由于这一策略带有正当性,因此,村中李山队长对这件事情暂时也无可奈何,只能区别对待。

"现在好多村民家庭想分家,为了多分一些补偿款。如果是正当的情况比如年轻人结婚我们也支持,这也能理解。但有些情况如想与老人分家,离婚分家就不同了,我们要区别对待,不过如果情况特殊的话,我们也都同意了。"(DK-B5,男,47岁,高中,北S村生产队队长)

2."作为武器的弱者身份"的参与策略

"作为武器的弱者身份"是国内学者董海军[①]提出的一个概念,即以弱者身份出现的主体将弱者身份作为一种争取自己权益的武器,与权力强者进行对抗的一种方式。这一概念与斯科特提出的隐性抗争的"弱者的武器"形成对应。"作为武器的弱者身份"是居于日常抵抗与公开的直接对抗之间的、既显性地表达自身利益要求又借"弱者"之壳保护自己的一种"倚老卖老"式的对抗策略[②],直接抗争的人一般都是以弱者身份出现的,走在前台的多为比较年长的老人、妇女,这种长者的、女性的身份也使他们在抗争时给旁观者增添了一份同情,给抗争对象施加了一份压力,又给自己增添了一份理直气壮。董海军认为,弱者有着自身的力量,这与我们所理解的弱者不一样,并指出了弱者四种力量源泉[③],这四种力量源泉使得弱者作为武器成为可能。而J景区的普通村民为了在利益分配中争取自己的利益,也采取了这一策略。由于J景区利益分配的严重不均,引起了北S村村民的强烈不满,一些村民多次到镇政府反映自己的问题但得不到解决,更加重了这种不满的情绪。2010年4

[①] 董海军."作为武器的弱者身份":农民维权抗争的底层政治.社会,2008(4):34-58.
[②] 董海军.依势博弈:基层社会维权行为的新解释框架.社会,2010(5):96-120.
[③] 这四种力量源泉即为:一是弱者具有强大的社会力量,二是弱者蕴含着道德潜力,三是弱者的抗争暗含着反抗不平等,四是弱者能够享受政策性或制度性庇护。参见董海军."作为武器的弱者身份":农民维权抗争的底层政治.社会,2008(4).

月,北京 W 公司占用北 S 村的道路重新改造 J 景区,由于工程车辆频繁经过村中,造成村中路面变形导致行人难走,空气中沙尘弥漫,来往车辆还形成噪音污染。由于村中环境恶化,许多游客不愿意来北 S 村住宿,给村民利益带来直接损失。村中一些民俗户便到镇政府要求 W 公司给予他们环境污染赔偿,然而 W 公司却以"J 景区补偿费用已经发放"为由拒绝村民的要求。当村民听到这个消息后非常气愤,所有的积怨都爆发出来,导致了村中堵路事件。

"环境污染补偿实际上就是一个借口,大家还是对景区的补偿分配有很大意见,堵路实际上也是没有办法的办法。镇里和村里都不理我们,他们得了好处,自然不管我们老百姓了。那我们就不让 W 公司开工,看收了他们(W 公司)钱的人怎么办。"(WWG – B11,男,56 岁,小学,从事民俗旅游接待)

2010 年 4 月,北 S 村没种地之前,村三十户村民,一家出一两个人,将本村通往原 J 景区的道路堵死,不让 W 公司施工车辆进入景区,要求公司对环境污染造成的损失给予补偿。

"我们一共三十来户,五六十人堵路,大部分都是妇女和老人,他们(W 公司)雇了一帮小混混,手里拿着木棍子,喊着谁堵道就打谁,堵路的村民被混混撕扯,并被殴打,小混混把一个卖豆腐的车推到了河里,还打伤了一位七十多岁的张姓老人,老人在地上躺着很久没有起来,我们就喊出人命了,那些小混混也害怕了,叫了辆面包车跑了。后来镇干部、村大队书记、村主任和生产队队长都出面了,还威胁老百姓,说带头堵路者要送派出所。我们中一些人被打得很严重,村干部置之不理,帮助 W 公司威胁我们。这使我们更生气了,我们跟他们理论,说村干部收了好处,把我们村子给卖了,骂他们是汉奸,我们躺在路面上,施工车辆也不敢过去,围了好多的人,大家都说那些小混混没天良,不得好报。村里 30 多个年轻人听到我们被打的事也赶过来保护我们,家里给我们送饭,就是不离开。他们(村干部)没再理我们,也没有人敢再动我们。我们堵了两天,镇派出所派人过来了解情况,让我们回去,我们就是不走,后来事情闹大了,县公安局介入了进来,了解情况后将打人的小混混拘留了,受伤的老人和其他村民被送到县医院,W公司派人赔了老人5000元。后来村干部也没有露面,透出口风说在一星期内解决环境污染问题,不让村民堵路,并说堵路的村民,每户可以领取200元补贴,我们就散了。然而这200元补贴一直没有发到我们手中。"(ZQS-B1,男,47岁,初中,从事民俗旅游接待)

在上述堵路事件中,村民采取了"作为武器的弱者身份"参与方式,具体的参与策略如下:一是问题化构建策略,这一策略内容我们在上一章中已经介绍过。在堵路事件中,北S村村民以环境污染补偿为借口,构建了一个非要镇政府或村干部重视的堵路事件,让体制内精英们满足自己的要求,达到弥补以前J景区的补偿分配不公的目的。二是采取"不合规"的形式,村民在堵路过程中使用"耍赖"与"蛮霸"的手段,如老人被打在地后,身边的妇女便喊"出人命了",并骂村干部是"汉奸",躺在路面上不让施工车辆经过,使派出所等执法人员也不敢拿她们怎么样。三是以"弱者的身份"博取同情与支持,并保护自己。这里面的弱者,指的就是老人和妇女。在这次堵路事件中,参与的大部分都是老人和妇女,打老人和妇女在道德上是要受到谴责的。当地痞打了老人和妇女后,在道义上老人和妇女往往得到了同情与支持,围观的人谴责那些地痞混混不得好报,村中的年轻男性也赶来保护他们。通过上述三个具体策略,村民们还是达到了目的,村干部答应给解决环境污染问题。

第二节 南S村景区股份纠纷事件分析

一、事件产生的背景

Y县S镇R风景名胜区位于南S村内,于1997年开发,1998年正式运营,距北京90公里,总面积16平方公里(约合24000亩),海拔最高808米,是北京市风景名胜区,属于国家 AAAA 级旅游风景区。R 景区既有浑然天成的秀美景色,又有丰富的文化内涵。它风景秀丽、环境优雅、如诗如画、山水天成,宛如世外桃源。R 景区属于南 S 村集体出资筹办,是当时 S 镇成立较早的景区之一。1986 年,S 镇开发了两个景区,并取得了成效。南 S 自然村村民也想把村西的山谷开发成旅游风景区。但当时全村 400 多口人,只靠 90 亩贫瘠的土地,不但没有任何资金来源渠道,而且还由于 80 年代中期村里办了服装厂,因为缺乏经验,疏于管理,欠了银行贷款 19 万元至今未还。至 1997 年,本息已将近 30 万元了,再向银行贷款已经不可能了,而想引进外资却一时没有合适的投资者。同时,景区经营和管理对村民们来说,都是新鲜事物。把一个荒僻的山谷变成风景名胜区困难重重,需要专业人员进行经营与管理。于是一些村民想到了村民张义兴。张义兴是南 S 村公认的能人,年轻时就到公社机关工作,他对 S 村的山山水水非常了解,尤其是在担任黑龙潭风景区(S 镇里当时由他牵头开发的景区)总经理的 7 年当中,积累了丰富的风景区经营管理经验。1996 年,张义兴退休后回到南 S 村,村干部找到他,张义兴答应开发南 S 村的景区。1997 年为了开发利用南 S 村西的丰富的山林资源,变山林资源为旅游资产,解决开发资金严重匮乏问题,经村党支部、村委会和村民大会讨论决定,以农民股份合作制的形式开发山林资源,兴办旅游业,并通过协议的形式确定村西的山场、林木、土地、山溪和水库由景区管理处独立使用。根据股份合作制的章程,规定了 1000 元每股,年终税后利润分红,入股者将成为自然人股东,自然人股东分红总额为 70%,南 S 村法人股东(全体村民)占 30%,明确了红利的分配原则。1997 年 6 月份 R 旅游管理处正式成立,经股东大会选举,张义兴为北京 R 风景名胜区董事长兼总经理,村民投入股金 12.6 万元,村西山林资源作价 5.4 万元,景区注册资金 18 万元。2000 年,景区引进北京金凤凰公司投资入股资金 30 万元。根据景区发展情况,经双方商定,北京的入股资金按分红比例实行专项分红。从 2003 年开始股东分红以 30%、60%、100%、110%、120%、130%、150%、170% 的比例逐年递增。

随着景区收益的提高,村体制精英、非体制精英和普通村民围绕着景区的利益分配展开了各自的行动策略。

二、体制精英的景区利益分配参与策略

2004年,R景区被评为国家级AAA级风景区,并在《中国旅游报》上被第一批公布,同时景区还被北京市政府评为"北京市风景名胜区",获得"紫荆杯"先进单位的荣誉称号。从2004年至2008年,景区的年收入额分别为192万、209万、308万、400万、500万,五年中累计接待游客71万余人次[①]。看到R景区获得了利润,S村干部(包括村大队书记春明、主任宝林和南S村生产队队长克如)便以参与景区管理为由要求发给他们工资。

"其实村干部并没有参与景区管理,也不算是景区聘用的人员,他们并没有为景区管理什么,但考虑到村里内部的和谐问题,景区管理处经过讨论,张义兴董事长决定还是给他们三人工资,按照副经理职务标准,当时的标准为1500元。具体发放金额为除去他们在村里挣到的工资后剩余的部分。"(YC-N1,男,56岁,高中,R景区副经理)

2007年,由于有村民向县信访部门反映南S村生产队队长克如领取景区和村里双份工资等问题,县政府信访办将村民反映的问题转给镇政府解决。

"镇长找克如谈话,意思是让克如注意影响,维护稳定重要,劝他不要领取景区工资了。克如说既然我不拿大家都不要拿,后来镇长劝村大队书记和主任也不要拿景区工资了。他们三个就不再拿景区工资了。其实他们三个人中,我认为生产队队长(克如)是应该拿景区工资的,因为R景区是以南S村里的土地做资源来开发的,村生产队队长是集体资源的代理人,集体资源出了问题都找他,他担着一定的风险,而且生产队队长的工资不是由政府来发放,而是村大队或生产队来给,也不固定,没有退休金。村大队书记和主任

---

① 陈烨.内生式乡村旅游发展模式研究——以北京市Y县R景区为例.中国地质大学(北京)硕士学位论文,2010(5):21-22.

不负责南S村的这块资源,他们村中自己有资源,比如采摘园,而且村大队干部由政府来发工资,还有退休金,比较稳定,所以我觉得就不该领景区工资。"(YC-N1,男,56岁,高中,R景区副经理)

2010年,南S村生产队换届选举,生产队队长克如被选下。新上任的生产队队长庆钰认为R景区的账目不透明,存在问题,并承诺村民调查R景区的账目。

"他(庆钰)上任的第一件事情就是查R景区的账目问题,还聘请了外面的专业会计。经过一个多月的时间,从景区中查出200多万的现金,然后召开南S村全体村民会议,每户以景区红利的形式发8000元现金,剩余的部分作为生产队集体部分。"(WDY-N2,男,48岁,初中,R景区董事,从事民俗旅游接待)

庆钰这一做法老百姓自然是拥护的,然而庆钰的目的却不在于此,他想要恢复生产队队长、村大队书记和主任的景区工资。

"他(庆钰)联合了村大队书记和主任来景区要求参与经营管理,加强集体资源的监督,并要求给予他们工资待遇。张义兴董事长不想给他们,就回绝了,因为2007年的时候已经不给了。但是老百姓却说景区股份分配中存在问题,有人捣鬼。在2010年五一期间还发生了村民堵道事件,村干部也不管,村民把村口的路给堵上了,在路中间放了两个大垃圾桶,导致游客开车进不了景区,景区损失挺大。这件事情闹大后镇里干部出来调解,还是强调和谐和稳定,并建议张义兴董事长给村干部工资,后来张董同意了。工资待遇标准还是按照2007年的规定,按照景区副经理的标准发放,不过2009年的时候景区副经理的工资为2700元了,所以他们三个人的工资也涨了。"(YC-N1,男,56岁,高中,R景区副经理)

村干部领取景区工资的目的达到后,立刻召开了南S村村民代表和党员大会,维护景区稳定与发展。

"堵道后的第二天,村主任和生产队队长就召集我们和党员开会,说镇里领导不让村民闹事,希望和谐稳定,并保护景区发展。并告诉我们已经和景区张董事长谈过,同意村大队书记主任、生产队队长监督景区财务管理,并同意村民入股,景区财务方面透明公开。村书记佐英让我们代表和党员回去做村民工作,不要再堵路。"(LXL-N3,女,48岁,小学,南S村村民代表)

"开了好几次会,反正是希望和谐,不让我们闹事,他们(村干部)领取了双份工资,得了利益,就不跟村民站在一边了。"(DYX-N4,男,35岁,大专,从事民俗旅游接待)

从上述村干部(体制精英)领取双份工资事件中我们可以看出,村干部参与景区收益分配的策略之一就是领取景区工资,具体参与策略是以参与景区管理与景区监督为旗号,通过景区查账的方式,将查出的资金部分发给村民,以塑造村干部为民服务的形象,取信于民,并借助村民堵道等集体性事件给景区管理层施压,从而达到自己的恢复景区工资的目的。当目的达到后,又以村委会和生产队的名义维护景区稳定与发展,要求村民不要堵路,以维护景区和自己的利益,同时完成镇政府交办的任务。

三、非体制精英的景区入股动员与收益分配策略

张义兴是典型的村落非体制精英,早年的各种干部经历以及景区管理经验为其积累了丰富的人脉,可以说其在景区经营管理方面有自己的一套经验,R景区的成功,与他有密不可分的关系。他较早地提出了景区股份合作制的想法并付诸实践取得了成功。张义兴60岁退休后创立R景区,年过古稀之年仍坚持经营管理景区,他的事迹还被媒体所报道。鉴于张义兴的经历和人格魅力,及其经营黑龙潭和R景区的成功,其精英的类型类似于仝志辉和贺雪峰[1]所提到的"实力型的非体制精英"和"传统型的非体制精英"的结合体,这类非体制精英将传统权威和经济资源优势集于一身,与村庄体制精英之间达成协调一致的交易成本较低,且正因为这种类型的非体制精英较少而

---

[1] 仝志辉,贺雪峰.村庄权力结构的三层分析——兼论选举后村级权力的合法性.中国社会科学,2002(1).

强大，当他们与体制精英发生冲突时，大都可以占据优势。由于张义兴身兼R景区董事长和总经理，集景区规划发展、经营管理、收益分配、人事任命各种权力于一身，因此，其在景区中的影响自然是决定性的。其参与景区的策略主要是围绕R景区展开的。

1997年，按照张义兴对R景区股份合作制的设想，经过村党员和村民大会讨论决定，将南S村西16平方公里峡谷山场作为资源股移交到R景区管理处，占原始股份的30%，村民人人有份。另外70%的股份则采取村民集资的方式，根据股份合作制的章程，规定了1000元每股，占原始股份的70%，税后利润分红。章程规定，30%的资源股份为法人股份，70%的村民集资股份为自然人股份。张义兴被股东大会选举为景区董事长兼总经理后，开始募集村民的自然人股份。

"当时张义兴董事长为了这个入股的事情可以说是挨家挨户地动员，但当时大家一是不敢入股，大家对入股后能不能收回成本心里没有底，以前办过服装厂，亏了那么多钱还欠着呢，当时对景区这个新事物还持观望的态度。二是也确实没钱入股，当时村中没啥产业，村子又穷，就靠种点果树、玉米什么的，一年下来根本剩不下什么。当时村民都不入股，村干部也不带头，董事长没有办法，让自己的两个儿子和一个姑娘带头入股，张董的大儿子在北京，入了5万元，二儿子入了2万元，女儿入了1万多，张董事长自己入了1万元，村民们看张董事长的家人入了股，便也跟着入了股，但大部分人都入股1000元，有一个村民入股10000万，村干部则三五千元入股，当时村中有一百六七十户人，全村有120户村民入股，最后村民投入总金额为12.6万元。后来，县政府又奖励了景区10万元，张董事长将这10万元按村民入股比例大小抵做原始股增加了村民的股份。景区刚开始运行的时候，由于知名度不高，来这旅游的游客也不多，收入自然不高，但景区需要维护与建设，这都需要钱，为了筹集资金，张董事长动用了自己以前的人脉。2000年的时候，景区引入了北京首旅集团的金凤凰公司来景区投资，该公司投入了30万元，这样景区才算渡过了难关。这个景区带动了村民搞农家乐,现在村民有一半左右搞农家乐,有的村民还在景区上班,还可以在景区卖货,是免费的。"(YC-N1,男,56岁,高中,R景区副经理)

上述资料反映了张义兴在R景区创立期所采取的两个入股动员策略:一是股份分配方案按照自然人股占70%,法人股占30%的比例分配,法人股份全村村民都有份。这一分配方案可以说还是能够充分调动村民入股积极性的,因为既有全村村民的集体股份,又有村民个人的入股分红,兼顾了集体与个人,因此村民当时对这一入股方案没有意见,但随着R景区的发展,利益的增多,村民对张义兴提出的入股分配方案的意见逐渐多了起来。

"我认为只要不涉及到国家保密这块,老百姓就应该有知情权。现在是股份制企业,说实话,这老板太独,他是最大股东,基本不开董事会,老百姓都有意见、不满意。就这集体资源的30%不是按照集体资源的30%给的,当初签约的时候就有问题,老百姓都不知道这股份经营是怎么个经营模式。按照道理来说这集体股就应该占到51%,我们控股,我们聘请你当经理,这种做法才对呢。当初入股我没有在家,我也没有入股。不过话又说回来,人家给你发展起来了,也不容易,现在取得了这么大的经济效益和社会效益,现在到这种程度了,要不得谈判呢。但他不是按照赚了100万分你30万,他说是按照30%,具体的运作比例我也不清楚,老百姓都不知道怎么回事。这就好比一个公司我跟你做生意,出去谈合同或旅游项目,他根本就不带我,自己去,任何人不能介入,就他自己。然后回来说,生意都我自己跑,你们不干事儿得利益。但我们不了解行情,不了解内幕,我们怎么参与?"(NWL-N5,男,55岁,初中,党员,从事民俗旅游接待)

"我也参加了董事会,并入了10000元,今年(2010年)分配收益的时候,75%作为管理费用,20%分给我们自然人股东,他们(张义兴和村干部)连10%都不分村民。因此村民反映得厉害,今年新选举的村委会就决定查这个事,后来从景区账目中发现有200多万元的现金,后来开村民大会商量如何分配这些钱,决定每户8000元,剩下的归生产队,大伙也同意了。"(WDY-N2,

男,48岁,初中,R景区董事,从事民俗旅游接待)

第二个入股动员策略是"多方化缘"策略。一是向村民"化缘"。张义兴家人带头入股,起到了示范效应,也打消了村民对村办企业的一些疑虑,全村三分之二以上的村民户入了股份。二是向县政府"化缘"。张义兴有过当乡长和村干部的经历,通晓县乡基层政府的办事特点,景区成立不久就在利用各种关系广泛宣传R景区,引起了县乡领导的高度重视,并获得了县政府的10万元奖励,而张义兴将10万元奖励抵做村民的原始股份,也给村民增添了一份信心。三是向企业"化缘",为了缓解景区启动资金的不足,张义兴利用自己的人际关系,使北京金凤凰公司投入景区30万元。为了限制金凤凰公司在企业今后经营管理中的主导作用,协议中还注明了公司只是参与分红,不参与经营管理的规定,这一策略有效地保护了村民的利益。但这一化缘策略同样也招来了村民的质疑。

"募集的村民的12.6万元股份中,虽然对外说有三分之二的村民参与入股,但他(张义兴)的家人入股款就占了大部分,分红的时候自然是他们家拿大头,我们村民拿小头了。而且他的三个子女的户口都在北京市区,不在我们村,就不能算我们的村民,就不应该让他的孩子入股。以前R景区没有度假村,张义兴的儿子就在我们村开了家R度假村,每年收入100多万,还占了我们村的地,开R度假村就有侵犯景区商标的行为,游客都冲着景区来的。老百姓反映得厉害,但村官们却睁一只眼闭一只眼不管。"(NWL-N5,男,55岁,初中,党员,从事民俗旅游接待)

"这个景区在全国算是采用股份制最早的景区,现在的矛盾是跟凤凰公司,公司拿税后利益,集体这30%拿税前利益。我也不清楚是什么样(性质的)公司,(公司)大概在北京,原来没入(股),后来入的。入股的村民跟他们一样拿70%的税后,拿30%的村民得到钱后还得交税。因此现在的矛盾,就是村民和金凤凰公司谁拿税前税后收益的问题。"(DYX-N4,男,35岁,大专,从事民俗旅游接待)

张义兴为了缓和与村民间利益上的矛盾,减少村民对其家人和金凤凰公司的不满,2010 年年底景区分红时,张义兴将村民的股份持有数量提高了一倍,而金凤凰公司的股份持有量则不变。

"张董事是搞会计出身,为了让村民多拿些钱,他在去年(2010 年)的股东大会宣布村民的股份翻一倍,即原先入了 1 股原始股,那么如今变成 2 股,入 2 股的变为 4 股,分红时村民按照新股份数量来分红,这点村民是拥护的。同时,为了限制金凤凰公司,他们持有的股份数量则不变,张董事长也跟金凤凰公司的领导沟通过,他们也同意了。"(YC - N1,男,56 岁,高中,R 景区副经理)

"他(张义兴)确实给村民办了一件好事情,村民也得了实惠,金凤凰公司是他利用自己的关系引入的,刚开始村民也不理解,觉得这个公司与村民争利益,后来村民得了实惠,也就不说了。2010 年的分红分给我家 2 股的钱,而金凤凰公司还是原先的股份不变,但实际上金凤凰公司的股份分的钱少了。"(LXL - N3,女,48 岁,小学,南 S 村村民代表)

四、普通村民的事件参与策略

一是村民的"抗拒"策略。该策略指部分或个别南 S 村村民由于对景区的股份分配不满所采取的行动策略。具体可以分成两类,第一类是间接抗拒,村民通过各种隐晦的方式,在不直接与权威阶层对抗的前提下表达他们的意见,希望能够引起村中当权精英的重视,其参与方式类似"弱者武器"的范畴,以弱者的日常形式参与表达。在南 S 村,具体的参与策略为个别村民找村生产队领导反映情况、在非正式场合向村外人表达心中的不满等。以下资料即为村民长贵找生产队队长反映景区股份入股不公情况的事例。

"2010 年春节,我和村中两个入股的村民一起去村生产队找队长庆钰反映景区的问题。庆钰是我们南 S 自然村新当选的生产队队长,当选之前他到我们家跟我说如果支持他当选,他一定查 R 景区的账,给我们村民一个交代。我们三个人到庆钰那儿主要就是反映景区入股股份的事情,当时景区成立董事会的时候规定了入股期限,过了入股期限就不容许入股,但是实际情况是依然不断有参股者加入,这里面有人捣鬼,不通过董事会私自同意入股。开始资金是二十多万,按理来说就不应该滚大了,但实际上不是,一些人刚开始并没有入,后来看到了效益后才加入。原先的村主任(宝林)就是后来入股的,入股也没通过董事会,所以老百姓都有意见。庆钰也答应我们一定查这件事。"(LCG-N6,男,40岁,小学,从事民俗旅游接待)

上述三个村民通过找生产队队长反映景区入股不公平情况,希望生产队队长能够履行竞选诺言,查景区的账目,生产队队长也答应了他们以生产队的名义去查账,三个村民通过此行动策略,借助生产队,将个人意见转化为村民的意见,从而达成他们的目的。除了个别村民找村生产队领导反映情况外,向村外人表达心中的不满是南S村村民采取的另一种间接抗拒策略。笔者在南S村调研期间,一些村民向笔者反映了景区股份收益分配中的一些问题,表达了对景区管理中存在问题的不满。希望笔者能够向有关部门反映情况,帮助他们解决问题。

"你是来调研情况的,您看我们村,那些当官的哪有替老百姓办事情的。我们村就一个R景区,说实话,我们村这个景区办好了,老百姓就能富裕了。但现在不是这样的,景区挣的钱都没有流入老百姓手中,全被他(张义兴)、当官的和外面来的人拿走了,老百姓得到的太少了。如果景区能包出去的话,我同意,包出去痛快,起码老百姓能多分一些,你要替我们老百姓反映一下,让政府了解情况,帮我们解决问题。"(LQ-N7,男,54岁,初中,从事民俗旅游接待)

"你要替我们反映问题,向上级领导如实反映情况。现在好多人对景区股份有意见,我们家刚开始没有入股,后来想入,我就去找景区管理处,他们让我写个申请,我写了给了他们,他们让我等着,后来说不能入,也不说原因。我们没有入股的村民就有意见,凭啥村干部就能入,我们就不能,太欺负老百姓了。去年(2010年)四五月份我们堵路要求入股,景区董事长(张义兴)同意我们入股,但要先评估,后来说七八千元入一股,和原先一千元一股差得太多了,我不

能接受,没有入股。"(NWL-N5,男,55岁,初中,党员,从事民俗旅游接待)

第二类"抗拒"策略为直接抗拒,采取的手段主要是个人上访。之所以认为个人上访为直接策略,主要是因为该策略不是采取隐晦的方式。虽然个人上访不直接和当地精英相对抗,但上访人和上访的内容还是能够被村中精英所知悉,主要是因为现行信访体制是在村民上访政府信访部门后,信访部门往往将案件转给下级政府部门处理,最后仍然回到乡镇里来处理。在S镇,遇到这类信访事件镇里对信访人并不保密,直接告知村委会,由镇或村里处理这些事情。所以个别村民上访策略应该是一种直接抗拒策略,如前述村干部领取景区和村里双份工资事件中,前任南S村主任宝林就因为有村民上访而没能继续领取景区工资。从2005年开始,南S村总有个别村民不断上访,提出公开景区的账目、重新核算入股比例等要求。

二是村民的"堵路"策略。堵路是一种就地抗争手段。2010年5月南S村有20余户村民参与了堵路,而且这20余户村民都是没有入景区自然股的村民户。而这次堵路的目的主要是未入股的村民要求入股。

"2010年5月1日,我们20多户未入股的村民把村子的路给堵了,我们拿了凳子,坐在路中间,还把村口的大垃圾桶也放在路中间,不让游客的车辆去景区。景区管理处的人带着一些保安过来吓唬我们,要强行架我们离开,不让我们堵路,我们就躺在地上骂他们,并喊打人了。村里来了好多人看热闹,有人就说景区管理处报了警。后来派出所来人让我们离开,我们不走,他们不敢动我们妇女,就把牛××家的儿子带走了,但我们就是不离开。后来镇里来了领导,让我们派代表反映问题,我们就要求没入股的村民入股。第二天,村干部开会不让我们堵了,并说景区已经同意村民可以入股,后来我们几个人去景区管理处询问,说要评估入股,估计七八千元一股,这和最开始时的一千元一股差得太多,我们不能接受,我们还得继续反映问题。"(WLR-N8,女,42岁,小学,从事民俗旅游接待)

无论是村民采取抗拒策略,还是堵路策略,总体来看其原因主要有四个:

一是村内旅游企业入股时没有严格遵守制定的规章制度,导致村民入股机会不均等。如前任村委会主任宝林竟然自己不遵守村股东大会制定的入股制度,私自入股,在村民中造成很坏的影响。二是入股的比例问题。村民认为既然是村集体企业,村集体就应该占50%的股份,而不应该仅仅为30%。三是收益分配阶段,自然人股东按照税后70%领取红利,而村集体法人股只能税前领取30%的红利。入股的村民户虽多,但入股数量结构不平衡,多数股份仍集中于董事长、村干部,以及与他们有关系的村民手中。四是一些村民认为他们拿到的可能不是景区的30%税前分红,猜测景区里面有人捣鬼,他们实际拿到的分红也许连10%都不到,因为景区的财务多数村民都不知道,谁也不清楚。正是上述四点原因导致了村民的不满。

第三节 社区内部权力结构视角下权力主体事件参与中的理论分析

一、权力主体间的事件参与策略成为可能的原因

(一)双重代理制度:使村干部对村景区资源的支配成为可能

从委托代理的角度看,村干部实际上是乡镇基层政府和村民的双重代理人[1],村干部既是国家权力在乡村社区的代理人,又是法律意义上乡村社区全体成员的代理人。村干部群体相对于村民而言是官方代言人,相对于政府而言又是乡村社会自治性组织的领导集体。作为官方代言人,村干部的权力来自政府,村民对其没有真正意义上的任免权,进而丧失了有效监督权。作为自治性组织的领导群体,政府对村干部只保持一种形式上的监督,因为《中华

---

[1] 魏建,赵钱龙.中国乡村利益共同体的变迁及其影响——由均势到非均势.学习与探索,2008(2):156-161.

人民共和国村民委员会组织法》(修订版)①规定了乡镇政府与村民委员会之间是一种"指导、支持和帮助"的关系,并不存在实质性的领导关系,同时根据该法第八条规定,"村民委员会依照法律规定,管理本村属于村农民集体所有的土地和其他财产",明确了村干部群体代理对农村集体资源的管理和控制权,这样的制度规定使村干部成为了与政府、村民都保持着一定利益距离的特殊中间层。根据委托代理理论两个假设前提②可以看出,由于委托人和代理人之间利益相互冲突,代理人便可以利用委托人的资源决策权谋取自己的私利,因此便产生了代理问题,如果委托人和代理人之间信息还存在不对称性,则进一步导致了委托人对代理人的监督成本的提高,甚至是不可能完成监督这一目标。事实上,在所调查的S村中,村干部和村民之间恰恰存在代理问题和信息不对称的问题,由于有效监督的缺失,为村干部事实上拥有旅游资产的控制权力和决定权力提供了可能。在北S村,村生产队队长李山利用村集体景区资源代理人的身份取得了J景区的实质控制权,并在未召开村民大会的情况下,租赁了景区,而承包与租赁景区的大部分收益都变成了李山自己的利益。李山在将景区租赁后,直到召开村民大会时,大部分村民才知道景区被李山租赁的事情,可见村干部和村民之间存在着代理问题和信息不对称问题,从而导致了村民对生产队队长李山的监督困难。南S村的村干部虽然没有直接参与R景区的经营管理,但依然是景区资源的代理人,双份工资事件中我们可以看出生产队队长和村大队书记、主任对领取景区工资的"重视",因为他们认为景区的代理人就是自己,而不是景区的董事长张义兴。在笔者调研S村的过程中,村民也认为南S村生产队队长应该领取景区工资,

---

① 该法由中华人民共和国第十一届全国人民代表大会常务委员会第十七次会议于2010年10月28日修订通过。其中,第一章总则第五条规定"乡、民族乡、镇的人民政府对村民委员会的工作给予指导、支持和帮助,但是不得干预依法属于村民自治范围内的事项。"网址为:http://www.gov.cn/flfg/2010-10/28/content_1732986.htm。

② 委托代理理论的两个假设前提:一是委托人和代理人之间利益相互冲突;二是委托人和代理人之间信息不对称。参见刘有贵,蒋年云.委托代理理论评述.学术界,2006(1).

因为他要对南S村的集体资源负责,而村干部也正是以对景区资源经营管理负责为由,以村民利益代表自居,通过核查景区的账目,将从景区查出的资金分给村民,以取得村民对他们的支持。然而村干部采取这些行动的本质仍然是为了恢复自己的景区工资,当目的达到后,又以贯彻镇政府建议、维护景区稳定与发展为由,要求村民不要堵路,目的是维护自己的利益,同时完成镇政府交办的景区维稳任务。

(二)非体制精英的事件参与策略成为可能的原因

从上述南北S自然村非体制精英参与旅游的情况看,实际上存在三类非体制精英。第一类是实力型精英或称强势精英,如南S村R景区的董事长兼总经理张义兴。张义兴退休之后创建了R景区,之所以退休后选择继续经营景区,并创建R景区很大一部分原因在于村落内实现自我价值的内驱力,在于带领南S村村民致富的想法和村民们的恳请。正是基于为村民办点事情的想法,他才选择了办股份合作制企业的发展道路,让全南S村村民都受益。然而由于南S村属于社区记忆缺失型村落,导致利益的得失成为衡量村民行动的唯一标准。村民在入股分红过程中由于利益的分配不公,进而由支持张义兴变为反对张义兴,导致张义兴缺乏在村落内部实现自我价值的内驱力,进而将注意力转向景区发展。由于他自身经营景区的魄力和良好的社会关系,以及在外界积累了良好的口碑,但与村民之间缺乏沟通导致了村民的不理解,使村民认为张义兴在村中"太独","看不上他们这些村民","利益都让他拿走了"。虽然张义兴试图通过增加分红等方式改变自己的形象,但他与村民之间的关系依然紧张。第二类则是中间型精英,介于强势精英与普通村民之间的非体制精英。他们在村域内也有一定的威望,有过外面经商或村内从政的经历,又是党员,他们人际关系网络相对于普通村民较为广泛,如南S村的伟民和北S村的文彬。这类非体制精英参与旅游的动机主要是物质利益的追求,其利益理性选择行为日益带有普遍性,这种行为正日益反叛于以血缘关系为纽带的传统文化①。因此,为了获取利益,南S村的伟民和北S村的文彬都借助于"日常权威"来获取其想要追求的利益。伟民由于借助村主任的权威小于李山借助于村支书春明的权威,而间接导致J景区承包失败,而文彬则借助镇长的权威来威慑李山,导致李山有所顾忌,赔偿了文彬的210亩果园的费用。第三类是维权精英②,指的是在村民维权抗争活动中起到组织和领导作用的村民。为什么维权精英会挺身而出维护村民的利益呢?美国学者奥尔森提出了一个解释的框架,他指出集体行动存在"奥尔森困境",即有共同利益的个人组成的集团并不总是增进集团的共同利益③,原因在于集体内部存在广泛的"搭便车"问题。为了要解决"搭便车"现象,奥尔森设计了"选择性激励"制度,这种激励是有选择的,要求对每个成员区别对待④。奥尔森认为,经济激励和社会激励(包括声望、尊敬、友谊和社会关系等激励策略)是使个人为集团做出贡献的有效激励措施⑤。按照奥尔森的解释框架,经济和社会的激励可能使维权精英挺身而出,组织和领导维权行动。而于建嵘则认为,这一范式尚不足以解释维权精英挺身而出的真正原因,因为农民维权活动组织没有稳定的边界,压力或激励不是来自集团内部,而是来自集团外部⑥。一般来说,这种来自外部的压力有三个方面:基层政府和官员的压迫、农村社会道德评价的压力、家庭具体利益的需求⑦。于建嵘据此提出了"压迫性反应"的概念,解释在没有明确"选择性激励"情况下,农民维权抗争的发生机制。北S村村民昌安之所以成为村民上访代表,重要的原因在于其家庭种植的果园被李山私自转让给其三哥,使自家遭到了"不公平"待遇,在无法得到合理答复时,采取了通过上访寻求解决的办法。应该说昌安成为上访代表

---

① 吴思红.村庄精英利益博弈与权力结构的稳定性.中共中央党校学报,2003(2):39-43.
② 于建嵘.抗争性政治:中国政治社会学基本问题.北京:人民出版社,2010:63.
③ 曼瑟尔·奥尔森.集体行动的逻辑.上海三联书店、上海人民出版社,1995:1-2.
④ 曼瑟尔·奥尔森.集体行动的逻辑.上海三联书店、上海人民出版社,1995:6.
⑤ 曼瑟尔·奥尔森.集体行动的逻辑.上海三联书店、上海人民出版社,1995:41-42.
⑥ 于建嵘.抗争性政治:中国政治社会学基本问题.北京:人民出版社,2010:63.
⑦ 于建嵘.抗争性政治:中国政治社会学基本问题.北京:人民出版社,2010:86.

的动因还是自家的利益受到侵害,不得不做出的反应。然而,这仍不足以解释为什么其他村民遭到压力而选择了沉默或屈服这一事实。对此于建嵘从"农民对权益的认知"和"公正公平的信仰"两个层面进行了解释,认为农民维权精英是"那些认为自己的权益受到了侵害并且认为通过抗争可以求得公平公正的农民才会挺身而出"①。

(三)普通村民事件参与的逻辑

S村普通村民事件参与的动因,即村民的行动同样受到利益的驱动、生存伦理的要求和"气"的推动。南S村村民在入股比例、股份收益分配过程中感到不公平。在入股过程中,法人股占税前30%比例,而自然人股份占税后70%比例。这引起了南S村村民的不满。令村民更加愤愤不平的是,张义兴家人的股份就占了自然人股份的大部分,而村民只能拿很少的部分,加之金凤凰公司后来的介入分红,使村民感到自己的集体资源被别人瓜分了,而村民却没有得到多少实惠。在对南S村进行调研时,当我问村民"是否同意将景区承包出去?"我所调查的多数村民竟然回答"同意承包出去"。因为承包后村民可以分得承包费用,也许得到的比现在要多一些。如果南S村村民事件参与的动因是利益驱动和"气"的推动,那么北S村村民事件参与的动机则更为复杂,村民的行动既受到利益的驱动,又受到生存伦理的要求和"气"的推动。由于北S村J景区被生产队队长李山在村民不知情的情况下租赁给北京渔阳旅游公司,导致集体土地资源被变相出卖,而在分配补偿金的时候却因人而异,李山自己得到了景区租赁中的大部分收益,村民的收益却相对较低,且收益分配不均,这导致了村民在利益分配上的不满。加之W公司拒绝为村民提供就业岗位和各类保障,村民虽然可以继续从事民俗接待,但这也是他们今后唯一的生活经济来源,由于没有地、没有景区、没有生活保障,如果不从事民俗旅游接待,村民也不知道能以什么为生。笔者调查北S村期间,

---

① 于建嵘.抗争性政治:中国政治社会学基本问题.北京:人民出版社,2010:87-88.

由于 J 景区正在关闭重新改造中,村子中鲜有游客出现,村中很多年轻人都到外面打工去了,村中老人和妇女也较多,对于今后的生活,北 S 村村民很困惑,也很迷茫。村民们面对困境,长期以来的怨气和愤懑无从发泄,使村民的"气"在村落范围内积累、强化与扩散,在长时间得不到释放的情况下,村民结构性怨恨和相对剥夺感凝聚、加压和提升,而北 S 村的环境污染事件则为村民提供了释放"气"的宣泄口,村民们理直气壮地要求村干部和 W 公司解决环境污染问题,实际上是要求公正地解决压抑已久的 J 景区的利益补偿和村民今后的生存问题,"作为武器的弱者身份"策略实际上也正是对村民诉求的策略性表达。

二、村干部对景区资源支配权的制度延续

(一)村选举制度:景区资源控制权延续的保障

从村委会选举情况看,S 村村委会干部的选举表面上是海选,实际上并没有真正实现海选。原村委会班子成员依靠特定的村庄文化和贿选手段,依然可以实现对村庄景区资源的控制,从而实现这个群体的利益延续。按照《村委会组织法》的规定,S 村村委会选举从海选候选人开始。海选候选人是当前很多地方都采取的一个民主措施。从法律制定者的主观意愿来看,都或多或少希望能够把这个最基本的权利运作起来,调动村民的政治热情,发现乡村中的政治精英,最大化地提高乡村的治理水平。但实际的结果却是,在 S 村,村委会候选人提名的结果基本上都是上届村委会干部。

"在我们村想通过选举选下一个人并不容易,因为谁上台之后都会笼络一些人,正常情况下都会连选连任,大家都是乡里乡亲,只要做得不太差,大家一般都会选,而且真正对他们(村干部)有竞争力的人也很少,所以选来选去就是他们几个人。"(WB – B12,男,48 岁,初中,党员,种植果园)

这种候选人提名重复的现象体现了农村选举的一种复杂的社会结构特征,旧的惯例无疑成为影响当下候选人提名的决定因素。这一现象与新制度

主义所称的路径依赖现象非常类似。按照新制度主义的理论①,所谓路径依赖就是原来的惯例会形成一种定势,对后面的行动产生一种方向引导的作用,把结果引导到过去的方向上去。事实上在S村不仅仅是村主任,连村委会的其他干部一般也都会成为村民提名候选人的习惯选择,村民们提名的候选人绝大多数都离不开原村干部的范围。在对S村的观察中,我发现有三个最关键的因素导致了候选人提名的路径依赖,即村民对选举的冷淡、金钱贿选和村庄上政治人物的稀缺。在S村,村民对选举并没有太大的热情,他们并没有较大的政治预期,希望通过选举来实现自己的愿望,表达自己的利益。他们也没有特别强烈的权利意识。许多村民都把选举当作组织安排的政治任务,消极被动地配合着完成了这一任务。很多人对选举持一种冷淡的态度。造成这种政治冷漠的原因是多方面的,缺乏政治生活、政治机制不健全是主要的原因。大家都忙于赚自己的钱,缺乏政治生活使得村民们逐渐表现出不参与政治或者参与不主动的冷漠态度。所以,他们认为参与并不能发挥真正的作用,选举不过是一个形式,参与不参与都是一个样,因此选谁都无所谓。另一个原因是金钱贿选。这是指在海选候选人的时候,候选人挨家挨户地串门,用现金或实物来购买选票,只要是候选人认为可以拉拢过来的村民,都进行贿选。

金钱贿选进一步表明选举本身关乎乡村干部的利益,为了能够保住或得到这个职位,S村许多竞选候选人纷纷贿选,而普通村民则表现出"谁也不得罪"的态度,谁给我钱就选谁。这种比较普遍的金钱贿选在很大程度上牵引着候选人提名的方向,旧的政治精英轻而易举地进入候选人提名名单并当选。最后一个原因是村庄中政治人物的缺乏。候选人提名实际上是和村民对本地区人口尤其是政治人物的了解程度分不开的,只有对政治人物了解比较多,提名候选人的选择空间才足够大,才能够满足村民挑选自己喜欢的候

---

① 杨龙.路径依赖理论的政治学意义.中共宁波市委党校学报,2003(1).

选人的要求。但是在 S 村，社会结构呈现一种破碎的状态，几乎很难寻找从事公共活动并经常在公共空间活动的民间人物。缺乏公共生活和公共事项，村两委对村事务大包大揽都造成了政治人物生成的困难。每个村民都关心自己的利益，不关心村庄和地方发展。在这类村庄中，政治人物几乎没有生成的条件。所以，没有政治人物，自然就让选举人找不到除村干部之外的合适候选人。一般来说，只要村干部过得去，就自然成为村民脑海中的候选人物，填选票时不假思索地就写上了他们的名字。

如果村委会和村组选举无法撼动原先的利益格局，那么选一把手的村党支部换届选举是否有可能产生新的支书，从而改变原先的利益格局呢？S 村中现有党员 20 人，党员的来源有四种：第一，村中自行发展出来的党员，共 16 人，这类党员的人数占全村的绝大部分；第二，原在村外工作，退休后回村的党员，共 2 人；第三，嫁入本村的女性党员，共 1 人；第四，下乡当村官的大学生，共 1 人。这四类党员中，能够左右选票的是第一类党员，其他三类党员人数极其有限。而村民能否被发展为党员，主要需要通过村支书这一关。

"党支书是很难选下去的，因为党员选出支书，而我们村的党员也不多，她只需要维护好这些党员就可以了，选举的时候自然还选她。我们村民想入党的很多，大家都知道入党有好处，但大都不符合标准。村支书选党员其实没有什么标准，如果说有标准的话就是跟她一条心，关系不错的。"（NWL－N5，男，55 岁，初中，党员，从事民俗旅游接待）

村支书在上面有镇党委的支持，在村内有党员保证其选票，所以现任村支书几乎能够长期保有支书一职。这样就保证了村党支部成员的权力和利益关系不被打破，进而保障其群体利益的延续。

（二）乡村干部的内部权力利益的庇护网

按照《村委会组织法》的规定，镇政府与村民委员会的关系是指导与被指导的关系，但这不意味着乡村可以脱离乡镇进行完全的自治。实际上镇政府和镇党委依然能够管理村两委,具体通过四条途径:一是乡镇政府对村委会的财政管理。对S村来说主要体现在镇政府对村账和资金的"双托管",即指镇政府责令村里把所有的资金和账目都交到镇农经站管理,村里花钱办事,需要事先由村支部和村委会拿出预算,报乡镇农经站审批,同时每个季度村财务人员还要到镇经管站进行财务审计,并向村民代表公布审计结果[①]。这一政策实际上是"村财镇理",通过管理村财务,达到间接监督村两委的目的。二是通过发放村委会主任和村党支部书记工资来管理村两委,通过让村主任和书记享有镇政府公职人员待遇,直接监督村两委。三是通过镇党委对村党支部的有效领导,而村党支部要领导村委会,这样就建立起了镇干部领导村两委的干部的直接联系。四是通过明确村级干部岗位职责管理来实现对村的实际管理。通过制定统一的岗位职责和评价指标,通过指标体系细化考核村干部,并由镇党委对最终评审结果进行审核,镇要对村干部给予相应的经济上的、精神上的、政治上的奖惩。工作成绩突出的村干部会获得一定的奖金、奖状、荣誉称号,甚至被晋升为乡镇干部;对于任务完成得不好的,乡镇政府就会通过一定的程序调整或免去其村干部的职务。这样,通过目标责任的签订、落实和兑现等程序,镇把村牢牢地掌握在了自己的手中。当然,镇干部对村干部的管理与监督并不是绝对的支配关系,反过来,当乡镇干部面临体制压力时,也需要村干部帮忙分担。乡镇在国家政权体系中居于基础和末梢地位,这决定了国家在农村的各项发展目标、计划和任务,最终都要乡镇政府加以贯彻、落实。这些指标、计划和任务是国家通过行政命令的方式由各级政府层层下达,并逐级分解落实到人,乡镇干部往往面临很大的压力,并且难以通过正常手段向下转移压力,压力下延必须靠村委会的行政化才能实现。这迫使乡镇干部想尽一切办法完成上级部署的各项任务指标,特别是那些直接由村民负担的任务,如垃圾分类、计划生育、社会主义新农村改造、生态环

---

① 该政策根据《S镇村民自治章程》第三十二条和第三十三条整理。

保和治安,等等。乡镇干部普遍有任务在身,他们要顺利完成任务就离不开村干部的支持,一旦村干部不配合,乡镇政府的工作就难以正常开展。而乡镇干部完不成任务则很有可能丢掉乌纱帽,甚至下岗走人。尽管有规章制度对村干部完成任务做出了一些规定,但由于村干部并不在体制之内,即使完不成任务,影响也不是很大,最多不做村干部。因而,乡干部往往利用与村干部的"私人感情"来保证乡政府政策的贯彻与实施,结果是乡干部与村干部之间的关系普遍发展成一种私人关系。一方面,应该说镇干部是村干部在政治和利益上的靠山,政治和利益上的被依附是镇干部充当村干部保护者的重要资本;另一方面,村干部也是镇干部完成各项任务所依靠的对象。因此,"维持这样的私人关系就需要双方经常性地利用公共资源作利益交换,最终结果是私人关系普遍演变为利益关系。这种互惠关系促进了保护主义政治的蔓延"①。

三、权力主体间事件参与的困境

一是从体制精英角度看,体制精英作为国家正式授权的体制内精英,其"双重代理"的身份决定了其在村庄中的"当家人"和"代理人"的双重角色。在缺乏社区记忆的村落,由于传统的衰落和现代市场经济的冲击,导致体制精英当家人的意识不足而代理人的意识强烈,体制精英所追求的不是做好村民的保护者或与外来力量相抗衡,而是追求个人的利益、荣誉与地位。对在自己的职责范围内的工作,也不愿意承担责任,对上级政府的工作任务只充当上传下达的角色,如遇到麻烦,或告诉村民去找镇里的哪个部门或领导,或引导镇干部找拒不执行上级指令的村民,对于已承担或必须完成的任务往往得过且过,而对于能使自己获益的事情,则格外关心,往往名正言顺地强调自己的"责任"。这种偏重"代理人"角色的体制精英,由于与村民利益的不一致而往往遭到村民们的唾骂,体制精英们面临着村庄权力合法化的危机。由于

---

① 荣敬本,等. 从压力型体制向民主合作体制的转变:县乡两级政治体制改革. 北京:中央编译出版社,1998.

S村属于缺乏社区记忆的村落,村内没有统一的价值生成空间,在村务中有所作为并不能得到村民的强力赞誉和物质激励,换句话说即在村中干多干少一个样,村干部不会因为工作出色而受到物质上的鼓励与精神上的表彰与赞誉,这就导致了体制精英对村务兴趣不大,但还不得不完成各种任务,村庄的体制内精英于是选择了"代理人"角色来完成自己的工作。我在S村调研期间,S村村委会基本上没有人办公,我曾问村民有事情怎么办,村民回答说"有事情就到村干部家去,村干部很少到村委会"。我又问村民村干部平时都干什么,村民回答说"一般都忙自己家的事"。S镇政府的一位干部曾评价S村干部"不干事情"、"有事情还得围着他们(村干部)转"。可见,镇政府干部对S村干部是不满意的。而村民对村干部的意见则更多,"好事情都是他们(村干部)的,我们(村民)什么都得不到"、"当村干部就是要多捞些,否则还当村干部干什么","他们赚的都是黑心钱,迟早遭报应"。可见村民对村干部的作为非常痛恨,村干部事实上面临着其权力的合法性危机。

二是从非体制精英角度看,在南北S两个自然村的旅游景区事件中,我们看到了三类非体制精英,一类是实力型的精英,一类是中间型精英,还有一类是维权精英。在这三类精英中,实力型精英和维权精英在事件参与过程中遇到了困境。实力型精英张义兴可以说在S村是独一无二的人物,其人生经历和人格魅力是村中任何人都无法比肩的,其退休之后的二次创业的成功更使他成为远近闻名的人物。然而令张义兴困惑的是,其由村庄外带来的荣誉和经营R景区给村民带来的实惠却无法使其在村庄内获得村民的一致赞誉与认同,村民们不但没有支持他,反而不断地说他"太独"、"看不上这些村民"、"利益都让他拿走了"。他试图通过增加分红等方式改变自己的形象,但他与村民之间的关系依然紧张,他与村干部和村民之间的对立甚至冲突导致他当初在村庄内实现自我价值、带领村民致富的内驱力逐渐消失,将自己的目标逐渐由村内转向景区经营管理,不再关心村民对他的评价,但这进一步加剧了他与村民之间的紧张关系。而北S村的维权精英在代表村民维权过程中遇

第四章 社区内部权力结构视角下旅游事件的社区参与分析

到了前述的集体行动中的"搭便车"问题,"搭便车"即认为团体利益是一种公共物品,即使集体其他成员不付出成本,也可以在集体中坐享收益,这便是"奥尔森困境"。为了解决这一困境,奥尔森和于建嵘分别提出了"选择激励制度"和"压迫性反应"等理论。然而,除了"奥尔森困境"外,维权精英还面临着维权过程中的安全性困境。"安全性困境"即维权精英在事件参与过程中可能因为"得罪"村中体制精英而遭到各种打压与报复,这成为了阻碍维权精英参与的主要障碍。北S村的昌安就是由于得罪了村干部而没能解决景区内自家果园补偿金问题。因此,维权精英在维权过程中面临着"奥尔森困境"和"安全性困境",它们都是维权精英所面临的现实困境。应星[①]在分析草根动员者在代表农民集体利益时表现出的特点时,总结了如下几点:一是"公心"与"私心"结合的两面性,二是在表达方式的选择上具有权宜性,三是在组织上具有双重性,四是在政治上具有模糊性。这进而导致维权精英在维权行动中的妥协性和不彻底性。

三是从村民的角度看,村落内部参与旅游的村民除面临安全性和合法性困境外,可能更担心对权力利益结构网的触碰。因为权力利益结构网较之合法性困境来说,更加紧迫和日常化[②]。随着市场经济在中国乡村社会的渗入,乡村社会中建立在传统道德和家族荣誉人际关系网络基础上的"权力的文化网络"[③]失去了存在的基础,而人民公社时期的"权力的组织网络"也因为家庭联产承包制度的推行而土崩瓦解[④],而以经济利益关系为基础所形成的"权力利益结构网络"正成为乡村社会权力结构的基础。在"权力利益结构网络"的

[①] 应星的"草根动员者"概念和本文的"维权精英"的概念内容上基本是一致的,应星也没有否认"草根动员者"也即"抗争精英"或"维权精英"的提法,故本文采用了"维权精英"的提法,参见应星.草根动员与农民群体利益的表达机制.社会学研究,2007(2).

[②] 吴毅."权力—利益的结构之网"与农民群体性利益的表达困境.社会学研究,2007(5):21-45.

[③] "权力的文化网络"这一概念参见杜赞奇.文化权力与国家.南京:江苏人民出版社,1994.

[④] 贺雪峰.关于村庄权力扩展性的讨论.云南社会科学,2000(6):36-41.

基础上，地方经济活动往往围绕"权力—利益的结构之网"而展开①，而具体的社会成员也往往因各自在这一结构网中的位置而决定其特殊的地位与资源占有和分享能力。在这样的背景下，一般的经济活动，包括旅游活动是无法不受这一关系网影响的。从制度角度上看，"维权行动者并不一定会忌惮自身的安全，但他们却不能不在人际互动中顾忌维权行为可能对自身所无法回避的这一'权力—利益的结构之网'的碰触，这一碰触并不一定会影响到维权者的政治安全，但却不可避免地会恶化维权者的社会生存环境，损及其在这一结构之网中的生存与资源分享能力"②。正是因为对这一权力利益网络的顾忌，S村村民在参与旅游过程中即使自己的利益受到侵害，也会尽量选择那些不与村中的权威阶层发生直接冲突的行动策略。如果发生了直接利益冲突，只要不触及村民的生存底线，他们也会尽量选择在乡镇内部他们所熟悉的生活场域内解决问题，而不太会选择走出社区表达自己的利益诉求。笔者在S村调研时曾问过北S村村民上访代表昌安为什么不到县里或北京城里反映情况，他说了这样一段话：

"别说到北京城里上访，就是去县里上访，我们还刚出发，镇里就知道了消息，拦着我们不让去，镇领导与村里的干部都通了气，一些村民还帮着他们。现在的信访制度压根就不会给上访人保密，你越过镇政府去上面上访了，上面把你的信息都告诉了镇里，让镇里去解决问题，镇里又让村里解决，转了一圈还是回到村里，镇里和村干部便孤立你，给你穿小鞋，村里该有你的也没有。"（CA‑B7，男，44岁，初中，从事民俗旅游接待）

上述这段话反映了村民对权力利益网的忌惮，村民昌安之所以选择不去县或北京城里上访，是因为怕得罪镇村领导干部，得罪了他们就会恶化自己的生存环境，使自己在这个村子中被边缘化。因此，昌安作为村民上访代表之一，只

---

① 贺雪峰. 论村级权力的利益网络. 社会科学辑刊, 2001(4): 52-56.
② 吴毅. "权力—利益的结构之网"与农民群体性利益的表达困境. 社会学研究, 2007(5): 21-45.

是选择了在镇里上访,因为镇里的环境他们还是比较熟悉的。但即使在镇里上访,北S村生产队队长李山还是知道了谁去镇里上访,同时这次上访导致了李山没有入上党,得罪了李山的结果是昌安自己家的景区山地问题一直没有解决。

而南S村村民在参与景区旅游过程中的个别抗拒策略也可以看作是对权力利益网的顾忌。无论是采取间接抗拒策略,还是直接抗拒策略,村民都尽可能在特定的事由中与其所"投诉"对象据理相争,但他们却也不能不考虑事件结束之后继续存在的关系问题,并且也注意不去伤害村中权威的面子和自尊。总之是要为日后双方关系的协调与修补留下一些可以回旋的空间。因此,我们可以理解为什么南S村村民虽然对R景区股份问题存在诸多不满与抱怨,但却大多数时间保持沉默,村民们只是以个别抗拒的形式来表达自己的不满与诉求,只要对方有些让步,村民往往见好就收,双方都给对方一个面子,避免日后双方见面尴尬。所以权力利益网已经越来越成为影响和塑造村民参与旅游具体场域过程中更加常态和优先考虑的因素。

第四节 社区内部权力主体旅游事件中的参与特征

本章以S村为例,从社区内部权力结构视角,分析了J景区承包并购和R景区的股份纠纷事件,重点分析了各权力主体间的参与策略,并讨论了权力主体在事件中的参与逻辑、参与的困境。下面将进一步归纳与分析村落内部各权力主体在参与事件过程中的特征(见表4-1)。

表4-1 S村权力主体事件参与中的特征

参与情况	北S自然村			南S自然村		
	体制精英（村干部）	非体制精英	普通村民	体制精英（村干部）	非体制精英	普通村民
参与方争夺的资源	J景区的承包权及并购补偿金			R景区的股份收益		
参与方互动策略	1. 李山景区承包策略：①凭借与村书记的关系获得支持；②控制村代表；③强调承包的优先权；④承包费用的以权谋私；⑤承包过程中自留山的私人化 2. 李山景区租赁策略：①景区租赁未征求村民意见；②村民代表通过补偿金分配方案；③补偿金分配因人而异	1. 伟民的景区承包策略：①凭借亲属关系获得村主任的支持；②给支书送礼争取支持；③利用宝林争取书记的支持；④给村委员送礼拉选票；⑤利用李山承包费用事件争取利益 2. 文彬的景区补偿金分配参与策略：①恐吓对方；②利用党员身份对将要入党的李山形成压力；③利用"日常权威" 3. 昌安的景区补偿金分配参与策略为上访	1. "分家"参与策略 2. "作为武器的弱者身份"的参与策略，具体包括：①问题化构建策略；②采取"不合规"的形式；③以"弱者的身份"博取同情与支持，并保护自己	体制精英的双份工资事件参与策略：具体是①以参与景区管理与景区监督为旗号，对景区查账；②将查出的资金部分发给村民，取信于民；③借助村民堵道等集体性事件给景区管理层施压，达到自己的恢复景区工资的目的；④当目的达到后，又以维护景区的稳定与发展为由，要求村民不要堵路，以维护景区和自己的利益	1. 张义兴的入股动员策略：①股份分配方案按照自然人股占70%，法人股占30%的比例分配，法人股全村村民都有份；②对村民、县政府和企业的"多方化缘"策略 2. 张义兴的经营管理策略：①加大景区的建设力度；②景区扩大宣传和举办活动	1. 村民的"抗拒"策略 2. 村民的"堵路"策略

续表

参与情况	北S自然村			南S自然村		
参与过程中的主动性	主动参与	主动参与或相对被动参与	相对被动参与,在参与过程中有一定的主动性	主动参与	主动参与	相对被动参与,在参与过程中有一定的主动性
参与策略的有效性	有效性高,基本达到预期目的	有效性中等,部分达到预期目的	有效性低,暂时没有达到预期目的	有效性高,基本达到预期目的	有效性高,基本达到预期目的	有效性低,暂时没有达到预期目的
参与过程中各方力量对比	上强中弱下弱			上强中强下弱		
参与过程中各方权益一致性	不一致,存在对立或冲突			不一致,存在对立或冲突		
参与的逻辑	双重代理制度下对村集体土地资源支配成为可能	利益的追求和压迫性反应	1.利益的驱动 2."气"的推动 3.生存伦理的要求	双重代理制度下对领取景区工资的要求	村落内非体制精英实现自我价值的内驱力	1.利益的驱动 2."气"的推动
参与的困境	当家人和代理人之间的冲突导致的权力合法性危机	上访精英的"奥尔森困境"和"安全性困境"	安全性、合法性困境,权力利益结构网的困境	当家人和代理人之间的冲突导致的权力合法性危机	非体制精英自我价值实现的困境	安全性、合法性困境,权力利益结构网的困境
村干部事件参与过程中的景区资源控制权延续的保障	1.村选举制度:景区资源控制权延续的保障 2.乡村干部的内部利益的庇护网					

第一,从参与双方的参与策略看。对于北 S 村干部李山而言,其在 J 景区承包过程中,凭借与村书记参与旅游过程中采取的博弈策略,以及参与的逻辑和参与过程中的困境,进一步从参与双方的既得关系获得支持,并通过控制村代表,强调承包的优先权,最终承包了景区。在承包过程中,李山以自己的北 S 村生产队队长的身份私吞了自己的承包费用,并将村中与景区相连的自留山私自划入景区。南 S 村伟民也参与到了同李山竞争景区承包权的过程中,其凭借与村主任的亲属关系获得了主任宝林支持,并给村支书送礼争取其支持,利用宝林争取书记的支持,给村委员送礼拉选票,但最终在景区承包权竞争中落败,尽管如此,伟民还是利用李山承包费用事件为自己争取到了一块 20 亩山地的补偿。在 J 景区的并购事件中,李山队长将景区租赁给北京渔阳旅游公司 70 年,而在这一过程中,景区并购签约并未征求村民意见,村民代表在村民不知情的情况下通过补偿金分配方案,在补偿金分配阶段李山在分配补偿金时却因人而异。由于李山自己占有了大部分补偿金,引起了非体制精英和普通村民的不满。北 S 村非体制精英文彬针对李山的分配方案则选择了恐吓对方,利用党员身份和"日常权威"对将要入党的李山形成压力,而北 S 村另一名非体制精英昌安面对补偿金分配的不公则选择了代表村民上访。相对于非体制精英采取的直接对抗策略,普通村民在事件中则采取了间接对抗的策略,即"分家"参与策略和"作为武器的弱者身份"的策略。南 S 村的事件纠纷主要体现在 R 景区的股份收益上,南 S 村村干部为了取得景区工资,以"参与景区管理与景区监督"为旗号,对景区进行查账,并将查出的资金部分发给村民,以取信于民,同时借助村民堵道等集体性事件给景区管理层施压,达到恢复自己景区工资的目的。当恢复景区工资目的达到后,又以维护景区的稳定与发展为由,要求村民不要堵路,以维护景区和自己的利益。南 S 村非体制精英张义兴为了动员村民景区入股,采取了如下动员策略:一是股份分配方案按照自然人股占 70%,法人股占 30% 的比例分配,法人股份全村村民都有份;二是对村民、县政府和企业的"多方化缘"策略。同时张义兴在景区经营管理过程中,采取了加大景区建设的力度,扩大景区宣传和举办活动等方式吸引游客。由于张义兴经营有方,R景区很快进入了快速发展期,景区利润分红逐年递增,但利益分配的矛盾也由此引发出来。从2005年开始,南S村总有村民不断上访,总体来看上访的原因主要是景区利益分配的不合理。为此,村民采取了"抗拒"策略和"堵路"策略。

第二,从参与过程中双方的主动性和参与策略的有效性看。村体制精英是主动参与到事件中的,其策略多为主动性直接策略;而普通村民则参与相对被动,多是反应性的消极应对,运用的策略多是间接策略,但即使是被动的间接参与,仍可以体现出村民参与过程中一定的主动性。如北S村村民采取"作为武器的弱者身份"策略,是一种居于日常抵抗与公开的直接对抗之间的抗争策略,这种策略在保护村民自己的同时,又具有一定的攻击性。具体来说就是使村民们在抗争时让旁观者增添了一份同情,给抗争对象施加了一份压力,又给自己增添了一份理直气壮。此外,南S村村民的堵路与上访事件,也同样给村中权威带来了压力,并取得了部分抗争成果。

从各权力主体采取策略的有效性看。S村的体制精英事件参与策略的有效性高,基本达到预期目的。而对于普通村民来说,虽然其策略达到了局部目标,如北S村村民通过堵路,迫使村干部答应给解决环境污染问题,南S村村民通过上访等手段,使张义兴意识到缓和与村民矛盾的必要性,因此采取了提高村民股份分红标准,压低金凤凰公司的股份分红标准,允许村民二次入股等方式,但从整体上看,村民的策略有效性依然比较低,这些策略依然没有改变其利益被剥夺、权利被忽视,甚至生存都受到威胁的局面。对于非体制精英而言,在事件中北S村的非体制精英参与策略有效性为中等。文彬运用各种策略达到了其预期目的,获得了果园补偿,但昌安作为上访代表,虽然上访取得了部分成果,如李山将欠生产队的债务给补上了,同时,他们的上访行动还导致李山没有入上党,但昌安也付出了代价,得罪了生产队队长,自己家的事情还是没有解决,因此昌安上访没有达到预期目的。南S村非体制精英张义兴由于身兼R景区董事长和总经理二职,集景区规划发展、经营管理、收益分配、人事任命各种权力于一身,因此,其在景区中的影响自然是决定性的。虽然在景区收益分配过程中他引起了村民的不满,但这依然没有影响其在景区中贯彻自己的意志,因此其参与策略有效性高,基本达到预期目的。

第三,从参与各方的力量对比、各方利益的一致性看。在北S村,参与各方——体制精英、非体制精英和普通村民力量对比整体上呈现上强中弱下弱现象。在村中,除了体制精英(村干部)外,缺乏在全村具有影响力的人物。村体制精英在事件中处于强势支配地位,而非体制精英,尤其是普通村民往往处于弱势从属地位。在北S村J景区的并购事件中我们可以看出权力各方力量对比。在签署并购协议过程中,基本上所有村民是不知情的,而在补偿金的分配过程中,村体制精英李山更是独自占有大部分补偿金,其因人而异的分配策略虽然令很多村民都有不满与怨气,但对李山却也无可奈何。虽然村中非体制精英如文彬可以运用一些策略如愿获得补偿,但像昌安一样的非体制精英却没能如愿获得多少补偿,而普通村民中多数村民也仅仅获得较少的补偿金。在南S村,体制精英、非体制精英和普通村民力量对比整体上呈现上强中强下弱现象。在村庄中,体制精英(村干部)和非体制精英(张义兴)很有影响力,尤其是非体制精英张义兴。虽然张义兴不是村中的体制精英,但其对村中集体资源R景区的控制与支配权是没有人能够撼动的。普通村民在R景区股份收益纠纷中则处于相对弱势地位,虽然村民采取了一些策略,但这些策略无法改变事件中体制精英和非体制精英的主导地位。

从参与过程中各方利益一致性角度看,我们发现S两个自然村参与各方在事件中利益并不一致,存在对立或冲突。一个主要的原因是村庄体制精英或非体制精英对村集体资源的占有或支配过程中利益分配不公平。除了资源的占有权导致利益的分配不公外,从权力的角度看,还有哪些因素导致了参与各方的对立冲突,这也是我们所要进一步探讨的。

第四,从参与双方的参与逻辑及村干部景区控制权延续的制度保障看。

北 S 村的体制精英（村干部）之所以参与到事件中主要是因为双重代理制度下对村集体土地资源支配成为可能。在北 S 村，村生产队队长李山利用村集体景区资源代理人的身份取得了 J 景区的实质控制权；南 S 村的村干部虽然没有直接参与 R 景区的经营管理，但依然是景区资源的代理人，双份工资事件中我们可以看出生产队队长和村大队书记、主任对领取景区工资的"重视"，因为他们认为自己就是景区的代理人。但对村干部来说仅实现对旅游资源的控制还是不够的，还要从长计议，这就需要一套制度系统保障这种控制权的延续。村庄选举制度是村落旅游资源控制权力重新分配的重要环节。目前我国农村村干部候选人提名与选举存在严重的路径依赖，加上村干部贿选、村落人情关系、党组织的考虑，导致了选举制度成为村干部旅游资源控制权延续的保障系统。而与村委会选举制度相似的是，村党内选举制度也同样存在候选人提名与选举中的路径依赖，村党内选举制度也成为了村干部旅游资源控制权延续的保障系统。除此之外，村镇干部的内部利益的庇护网也有效地阻挡了上级政府和底层村民的有效监督，保证了村干部资源控制权的延续。而对于北 S 村非体制精英来说，参与到事件中的原因主要是对利益的追求和压迫性反应。为了获取利益，南 S 村的伟民和北 S 村的文彬都采取了借助于"日常权威"等策略，北 S 村村民昌安之所以成为村民上访代表，动因还是自己家庭的利益受到侵害，不得不做的压迫性反应。南 S 村张义兴参与到旅游中的很大一部分动机是村落内非体制精英实现自我价值的内驱力，带领南 S 村村民致富的想法和村民们的恳请。正是基于为村民办点事情的想法，他才选择了办股份合作制企业的发展道路。对于南北 S 村村民而言，利益的驱动、"气"的推动，甚至生存伦理的要求成为了推动 S 村村民事件参与的主要逻辑。

第五，从参与困境看。S 村的体制精英（村干部）面临着当家人和代理人之间的冲突，这就导致了体制精英对村务兴趣不大，偏向于代理人角色，在处理村务时更多的是基于个人利益的考虑。这使村民对村干部缺乏认同与信任,进一步导致了村干部权力合法性危机。对于北 S 村的上访精英来说,主要面临着"奥尔森困境"和"安全性困境",而对于南 S 村非体制精英张义兴来说,其主要面临自我价值实现的困境,其与村干部和村民之间的对立甚至冲突导致其当初在村庄内实现自我价值、带领村民致富的内驱力逐渐消失,将自己的目标逐渐由村内转向景区经营管理,不再关心村民对他的评价,但这进一步加剧了他与村民之间的紧张关系。而对于 S 村的村民来说,对权力利益结构网的忌惮使他们会尽量选择那些不与村中的权威阶层发生直接冲突的行动策略。如果发生了直接利益冲突,只要不触及村民的生存底线,他们也会尽量选择在乡镇内部他们所熟悉的生活场域内解决问题,而不太会选择走出社区表达自己的利益诉求。

第五节 南北 S 村景区纠纷事件的结果

2011 年 8 月份,我回访南北 S 村。在北 S 村,村民昌安谈起自己的处境很是无奈,上访以后由于得罪了生产队队长李山,使自己家的事情没有得到解决,他表示以后也不会再上访了。这不是因为害怕遭到报复,而是村中的集体资源都已经被别人承包了,且承包期限很长,村中没有什么资源可能引起纠纷了,但他还是希望笔者能够替村民向上级政府反映反映情况,希望上级政府能够替他们做主。在 J 景区事件后不久,李山还是入了党,并在入党的第二年被评为镇优秀共产党员,在北 S 村中,依然没有人能够替代他的位置。J 景区被北京渔阳旅游公司封闭起来进行改造升级,由于公司欠外债 2 亿多元,缺少资金,景区重新开业显得遥遥无期,村民的农家乐生意惨淡。昌安对我说,现在村民确实没有什么其他的生活来源了,山地都分光了,村中好多人家只有很少的一些山地,不够养活全家人,也只有从事农家乐一条路可以选择,即使农家乐生意再不景气也得搞下去。而与北 S 村村民的处境相比,南 S

村村民则好了很多。R景区每年每户都有分红,而且由于R景区生意很好,这些年村民的农家乐生意也很不错,尤其到周末的时候,农家乐生意更是红火。南S村村民虽然没有北S村村民的生存问题,但依然对R景区的股份收益分配不满。虽然张义兴调整了股份分配比例,赢得了部分村民的支持,通过发给村干部景区工资,争取了村干部的支持,但其与村民以及村干部的矛盾依然存在。而且,更为重要的问题是,张义兴本人已经70多岁高龄了,到现在也没有在村中挑选出合适的接班人。在这个问题上,张义兴本人也很担心,因为曾有人提出由南S村生产队队长接任景区董事长兼总经理的职位,但张义兴没同意,因为村干部不懂景区经营,他担心如果村干部插手管理景区事务,会将他多年苦心创建的景区毁于一旦。在南S村,村民对村两委和生产队干部的评价并不高,村干部在村中也没有多高的威信。在我回访期间,R景区副经理YC曾对我说,到现在景区也没有一个长期发展规划。自从2011年5月发生堵路事件后,张义兴董事长就坚持不让村干部和村民干预景区经营管理。然而越是这样,村干部和村民就越是误解张义兴,认为张义兴"太独","不好合作"。但村民也知道,他们又离不开张义兴。村干部和村民们对待景区的态度,以及他们最终会做出什么样的选择,将决定R景区今后如何发展,将决定这个村子的今后的走向。

本章小节

本章从社区内部权力结构视角,以京郊南北S村的旅游景区纠纷事件为个案,从村落内部体制精英、非体制精英和普通村民三个权力主体出发,考察了两个自然村的景区纠纷事件中三重权力主体的行动策略、参与逻辑、参与困境与参与各方的特征。概括如下:一是从参与各方的策略有效性和主动性看。体制精英和实力型非体制精英参与策略有效性高,主动性强,基本达到其预期目的;而弱小型非体制精英参与策略有效性不高,或主动或被动参与事件中,部分地达到了预期目的;普通村民参与策略的有效性则比较低,参与过程整体上被动,但也有一定的主动性。二是从参与各方的力量对比、各方利益的一致性看。根据村庄非体制精英的性质不同,整体上呈现上强中强下弱及上强中弱下弱特征,且参与过程中各方利益不一致,存在对立或冲突。三是从参与双方的参与逻辑看。体制精英参与的主要动力是受村景区资源支配权的驱动,非体制精英主要受到自我价值实现、利益和压迫性反应的驱动,而普通村民则受到利益、"气"和生存伦理的驱动。四是从参与困境和村干部景区控制权延续的制度保障看。体制精英面临着当家人和代理人角色合法性危机,非体制精英则面临"奥尔森困境"、"安全性困境"和自我价值实现困难等各种困境,普通村民则面临着"权力利益网"、"合法性"和"安全性"等多重困境。此外,面对权力危机,村干部维持其权力合法性的制度基础即是被村干部以不正当方式加以利用的村选举制度和乡村干部内部利益庇护网。

第五章 社区参与旅游的权力性影响因素与路径选择

第一节 M村事件参与各方对立冲突与参与困境中的权力性因素分析

一、国家的土地法律政策缺位

在M村,由于村民失去了土地,其利益与生存受到了严重威胁,村民在"气"的作用下,运用各种策略同基层政府发生了对立或冲突,而这种对立或冲突背后的深层影响因素则是国家的法律政策缺位,即国家关于拆迁和征地的法律制度建设落后与有关政策空缺,缺乏相应的土地归属制度、土地征用用途的划分机制,导致基层政府与村民之间的直接对立与矛盾冲突。

（一）土地归属法律的缺位

目前,按照我国法律,农村土地归集体所有,如《土地管理法》中明确指出"农村和城市郊区的土地,除由法律规定属于国家所有的以外,属于农民集体所有"[1],但实际上农村的集体土地所有权主体却并不明确,是一种"所有者缺

---

[1] 《中华人民共和国土地管理法》,总则第八条,2004年8月。

位"。正是集体土地所有权归属不明晰,导致了县乡基层政府利用行政权力强行征地,在这种情况下,基层政府明显是一个利益主体或地方法团主体,在信息不对称的情况下,对村民采取软硬兼施等策略,获得土地。而面对政府的强行征地,集体土地所有权却缺乏有效的保护,村委会本来应该代表村民行使土地的保护权,但村委会仍然受县乡基层政府的领导,因此,实际上县乡政府是实际土地所有权者,为了获取土地,令村民拆迁,向村委会征地也变得理所当然。M 村民对政府的作为既愤怒,又无可奈何,这也反映了村民维权的艰难。

(二)公共利益用地与商业利益用地区分的模糊

国家在征地的过程中,虽然限制了农业用地的使用,尤其是对耕地加以保护,但国家法律同时也规定了"国家为了公共利益的需要,可以依法对土地实行征收或者征用并给予补偿"①,而法律对公共利益用地用途和商业性质用地用途却没有做严格的区分。这为地方政府创造财政外预算提供了可以运作的经济空间,客观上极大地刺激了地方政府的圈地冲动。这就造成了实际操作过程中,县乡政府打着新农村建设旗号,以国家公共利益为名,运用各种策略,对 M 村进行拆迁征地,以此获得体制外收入。在 M 村拆迁征地过程中,以新农村建设的名义征地,对村民房屋拆迁可以不用进行商业拆迁必需的"拆迁许可证",可以以低于商业拆迁征地的补偿费用来获得商业开发用地,而且政府出面名正言顺,可以充分调动行政和司法力量进行强拆和强行征地,根本不需要征求 M 村村民的意见,大大减少了拆迁征地过程中的阻力。在拆迁过程中,政府仅用 50 余天就完成了拆迁工作,这比我们常见的商业拆迁时间大大缩短,为引进外来投资提供了便利。但这一过程,由于村民处于信息不对称的境地,在短期内根本不能分辨是商业征地,还是公共利益征地,M 村村民虽然对"新农村建设"征地提出了质疑,但这也是拆迁后通过咨询专家得出的结论,在拆迁征地过程中,村民根本就无法分辨出到底是公共利益

---

① 引自《中华人民共和国土地管理法》,总则部分,2004 年 8 月,其他法律如宪法、物权法等也有类似规定。

征地,还是商业征地。

二、县镇地方政府对村土地等资源支配权比较强

除了国家法律政策上的缺位外,由于县镇地方政府内部面临着财政支出的压力,外部面临着上级布置的"保增长、保民生、保稳定"的任务压力,加之地方预算外土地获利的冲动,客观上导致了县镇基层政府对村庄土地资源获取的"决心"。因为在"能力有限,财力有限,责任无限"的地方基层政府看来,只有通过土地财政收入,获得预算外收入,才能解决发展中各种问题。而为了获取M村的土地,县镇政府在拆迁征地过程中采取了各种策略,这些策略从一个侧面集中体现了县镇地方政府对农村自治权力的干涉。实际上,目前从全国范围来看,地方政府对农村土地的侵占势头不减。据统计,全国地方政府80%的土地违法由地方政府主导,因非法征地引发的群体性事件,已占全国农村群体性事件的65%以上,目前耕地存量逼近生存红线[①],这一数据说明了地方政府侵占农村土地,进而引起农民群体性事件在全国范围内已经是普遍现象。地方政府侵占农村的土地资源,不但关系到农民的利益问题,更关系到农民今后生存问题和农业的未来发展。从旅游开发的角度看,M村在旅游征地开发事件中被政府主导与控制也绝非个案。吴必虎认为,中国旅游业整体上还处于政府主导形态,因此政府对旅游业的直接干预比较强[②]。在M村,政府在事件中一直处于主导地位,这决定了旅游开发过程中各项谈判政府说了算,政府和开发商制定了M村的旅游规划,确定了旅游开发等事宜,甚至村民拆迁征地补偿款和村民就业等也是政府事前根据相关政策做的安排,而对这一切,村民却知之甚少。正是由于基层政府利用自己特殊的强制力和垄断力不断地运用干预与控制手段与民争利,使村民常常感到自身的生

---

① 章轲.城市"摊大饼"势头不减 耕地存量逼近生存红线.第一财经日报,2011年11月30日,网址 http://www.yicai.com/news/2011/11/1235479.html.
② 吴必虎.区域旅游规划原理.北京:中国旅游出版社,2001:510.

存和利益受到威胁,对基层政府的话语和行为往往持怀疑态度,最后逐渐地对基层政府失去信任与认同,导致基层政府的合法性受到挑战。M 村村民无论是采取"弱者的武器"等消极抵抗策略,还是采取积极的问题化构建与上访上告策略,都用实际行动说明了村民对基层政府的不信任与不认同,最终的结果是政府虽然获取了资源,但却导致了政府形象和声誉的重大损失,以及基层政府与村民之间的对峙冲突。

三、村落公共性权力的缺失

从 M 村的拆迁征地事件来看,村庄的自治权力并没有保护村民的普遍公共利益。相反,在征地拆迁过程中,代表村落自治权力的村干部却"积极配合"县镇政府完成拆迁征地任务,促成了拆迁征地工作的"顺利完成"。这导致了村庄土地被低价收购,村民的就业前景暗淡,村民的利益,甚至是生存环境受到了严重威胁。而造成这种状况的一个重要原因就在于村干部的权力本质上是一种"权威性"权力[1],这种权力的实质是公私权力混合的少数人控制权,其根本特征便是村干部利益与广大村民利益的分离,其权力的授权来源不是村落,而是地方政府。应该说,传统中国地方权威的权力来源并不是来自官府的授权,也不是来源于对私有财富的控制和自身的学识荣耀,而是来源于地方权威所促成的地方利益共同体的形成。对于共同利益的构建,可以保证自然单位、族群、血缘和地缘村落的内部整合。只有地方利益共同体形成,地方精英通过对利益共同体的贡献,才能被推举为地方权威。传统地方权威的确立过程中,官方对权威地位的肯定不过是有利于荣耀地方权威的表现,主要起到一种保护地方权威的作用,而不能够成为地方权威的权力来源[2]。进入近代和现代,一个引人注目的变化就是官制系统和地方权威的融

---

[1] 张静. 村庄自治与国家政权建设——华北西村案例分析//黄宗智. 中国乡村研究(第一辑). 北京:商务印书馆,2004:214.

[2] 张静. 基层政权:乡村制度诸问题. 上海:上海人民出版社,2007:24 - 25.

合,随着科举制度的衰落和农业收入的递减,大批士绅进入城镇,引起了国家对乡村社会的重视,国家通过一系列机构设置和委任,变地方权威为国家政权的分支,使地方政权服从国家的目标,进入国家官制控制范围,但这一改造,并没有实现国家预期的"通上下壅蔽"之目标①,反而导致地方社会组织化程度更低,原来的地方治理原则和规则依旧延续。新中国成立后,新一轮的基层政权重新建立,旧地方权威被打倒,相同阶级身份和利益一致的新地方权威逐渐确立,但这些权威的授权来源依然不是社会共同体,而是官制系统,地方权威与社会利益分离结构依然存在,旧有的公私地方治理原则仍然延续②。从地方权威的角度看,这导致的结果是其权力来源于社会利益共同体的部分日渐衰弱,其服务对象逐步转向地方政府,造成社会利益共同体的分裂,村落社区处于分散的状态,这一状态造成了村民的原子化状态,导致村民难以团结在一起,形成合力一致对外。M村村民之所以没有在拆迁征地过程中形成有力的抗争手段同基层政府对抗,与村落共同体的分散有很大关系。更为重要的是,在地方权威与村落利益共同体分离的过程中,国家没有建立起基于公共原则的公共关系和公共权力,在村落治理中依然延续着公共利益与私利混合的局部治理规则,这进一步导致了地方权威行动中"公"目标与"私"目标难以区分,给地方权威以更大的行动空间,并使其在实践中形成一套治理原则,即"利用官方名分合法化其独有规则,而不是把他们分开,成为基层治理的普遍特征;原先以集聚财富为本的自治之道合理地进入官制之道,官事和私事的互利与互用被制度化"③。M村地方权威,也即村干部在拆迁征地事件中其服务对象明显是县镇基层政府,而不是村民群体。帮助基层政府宣传拆迁政策和带头动员村民拆迁征地,召集村代表在征地协议上签字,村干部的行为充分体现出地方权威和社会共同体利益的分离。而在拆迁征地事件中,村书记和村党支部也被县政府树为

---

① 张静.基层政权:乡村制度诸问题.上海:上海人民出版社,2007:29-32.
② 张静.基层政权:乡村制度诸问题.上海:上海人民出版社,2007:43-46.
③ 张静.基层政权:乡村制度诸问题.上海:上海人民出版社,2007:32-46.

先进典型,在完成"公"的任务过程中,村干部"私"的利益也得到了满足。

"我们村的大队书记和主任都是那么回事,平时你有事求他都得给他好处的,村里的资源都被他们把持着,老百姓是得不到的。这次村干部和村代表在拆迁和征地过程中都表现得特别积极,家人带头拆迁。县政府给每个村干部和村代表奖励了1万元。他们(村干部)为什么表现这么积极?肯定是收了好处了,他们带着县镇干部进村,挨家挨户做动员,听说拆迁费用给多少他们说了算。我们家是外搬户,没有分到地,房子是买别人的。拆迁时村干部不给我们家说话,我们家还是按照2000元每平米的补偿款拆的房。"(LQS13,男,40岁,高中,从事民俗旅游接待)

因此,要建立以公共规则为基础的公共权力,首要的一点是纠正村干部的各种违规谋权私利行为,提高各级村干部和基层政府干部的"公"意识,并在此基础上实现县乡村基层政权的改革。

第二节 S村事件参与各方对立冲突与参与困境的权力性因素分析

依照本书第二章中S村村庄性质划分,南S自然村应属于弱社区记忆、经济分化程度高的村落,而北S自然村则属于弱社区记忆、经济分化程度低的村落。依据仝志辉和贺雪峰划分的四种类型村庄权力结构[1],南S村应属于C类村庄的权力结构类型,即不稳定但运作高效的外向型村落权力结构;而北S村应属于B类村庄的权力结构类型,即高度不稳定且运作低效的外向型村落权力结构。而南北两个自然村的一些权力结构特征成为了S村事件中各方对立冲突的重要影响因素。

---

[1] 仝志辉,贺雪峰.村庄权力结构的三层分析——兼论选举后村级权力的合法性.中国社会科学,2002(2).

一、村庄权力结构的外向性

S村的权力结构外向性特征意味着体制精英与村民关系松散。由于体制精英同村民关系松散,同时由于S村属于缺乏社区记忆的村落,村内没有统一的价值生成空间,在村务中有所作为并不能得到村民的强力赞誉和物质激励,换句话说即在村中干多干少一个样,村干部不会因为工作出色而受到物质上的鼓励与精神上的表彰与赞誉,这就导致了体制精英对村务兴趣不大,但还不得不完成各种任务,村庄的体制内精英于是选择了"代理人"角色来完成自己的工作,导致体制精英在村庄中当家人和保护人的意识不足而代理人的意识强烈,体制精英所追求的不是做好村民的保护者与外来力量抗衡,而是追求个人的利益、荣誉与地位。对于自己职责范围内的工作,也不愿意承担责任,对上级政府的工作任务只充当上传下达的角色,如遇到麻烦,或告诉村民去找镇里的哪个部门或领导,或引导镇干部找拒不执行上级指令的村民,对于已承担或必须完成的任务往往得过且过,而对于能使自己获益的事情,则格外关心,往往名正言顺地强调自己的"责任"。这种偏重"代理人"角色的体制精英,由于与村民利益不一致而往往遭到村民们的唾骂。在北S村景区并购事件中,李山将景区租赁给W公司,而在这一过程中,景区并购签约并未征求村民意见,村民代表在村民不知情的情况下通过补偿金分配方案,在补偿金分配阶段李山在分配补偿金时却因人而异,由于李山自己占有了大部分补偿金,而村民仅得到了很少的补偿金,引起了非体制精英和普通村民的不满与怨愤,造成了村干部与非体制精英和普通村民的对立冲突。南S村景区股份纠纷事件中,村大队干部领取景区工资,以及村主任宝林的未按规定私自入股,导致村民对村干部的不信任。个别村民向县政府反映村干部领取景区工资问题,部分未入股村民要求二次入股,造成了村干部与村民之间的关系紧张。而S村干部在与村民对立的过程中,村干部在事件中的处理方式往往是对村民威逼利诱、打击报复,得过且过和漠不关心等,导致村民的积怨升级,更加重了这种对立情绪,甚至爆发了冲突,北S村村民的堵路和上访即是村民积怨升级的结果。

二、村庄权力结构的低稳定性

权力结构的低稳定性意味着非体制精英与村民关系不稳定。北S村的非体制精英大体分成两类:一类是中间型精英,他们在村域内也有一定的威望,有过外面经商或村内从政的经历,又是党员,他们人际关系网络相对于普通村民较为广泛,这类精英如北S村的文彬等人;另一类是维权精英,指的是在村民维权抗争活动中起到组织和领导作用的村民,如北S村的昌安等人。北S村的非体制精英中没有实力型精英,只有弱小型非体制精英,而且没有哪个非体制精英在与村民的关系中建立起广泛的影响力,非体制精英与村民之间的影响关系不稳定,且这种关系无法形成对村干部集体资源支配权的有效监督与制约,这就造成了非体制精英不能有效地保护村民权益。虽然北S村有昌安等维权精英代表村民上访维权,但其也面临着集体行动中的"奥尔森困境"、"安全性困境",甚至是乡村干部权力利益网络的制约,而且这些维权精英在维权行动中还具有如下特征[①]:即"公心"与"私心"结合的两面性,在表达方式的选择上具有权宜性,在组织上具有双重性,在政治上具有模糊性。这些行动特征进而导致维权精英在维权行动中的妥协性和不彻底性,因此村中维权精英也是无法保护村民的。南S村与北S村在非体制精英层面上最大的不同就在于南S村存在实力型非体制精英。实力型精英张义兴可以说在S村是独一无二的人物,其人生经历和人格魅力是南S村中任何人都无法比肩的,张义兴的能力和影响力使其足以对抗村落中的任何体制精英,其也有能力保护村民。张义兴之所以退休后选择创建R景区很大一部分原因在于其对于在村落内实现自我价值的追求,在于带领南S村村民致富的想法和村民

---

① 应星用"草根动员者"概念代替"维权精英"的概念,并通过实证案例分析了农村"草根动员者"的行动特征,这些农村"草根动员者"的行动特征同样适用于本文,参见应星.草根动员与农民群体利益的表达机制.社会学研究,2007(2):1-13.

们的恳请。正是基于为村民办点事情的想法,他才选择了办景区,走股份合作制企业的发展道路,让全南 S 村村民都受益。然而,由于南 S 村属于社区记忆缺失型村落,导致利益的得失成为衡量村民行动的唯一标准。在入股分红过程中村民由于觉得利益分配不公,进而由支持张义兴变为反对张义兴。张义兴试图通过增加分红等方式改变自己的形象,但他与村民之间的关系依然紧张,其与村干部和村民之间的对立甚至冲突导致其当初在村庄内实现自我价值、带领村民致富的内驱力逐渐消失,将自己的目标逐渐由村内转向景区经营管理,不再关心村民对他的评价,但这进一步加剧了他与村干部和村民之间的紧张对立关系,进而导致了村干部核查景区账目要求恢复景区工资,部分村民村中堵路、村民要求二次入股等事件。

三、村庄权力结构的运作效力低

权力结构的运作效力低体现出体制精英与非体制精英达成交易的成本比较高。北 S 村由于非体制精英的弱小,导致体制精英与非体制精英达成交易成本比较高,非体制精英很难与体制精英达成任何真正有效的协议,因为总是有一些非体制精英对体制精英不满,如昌安等维权精英便对李山侵占 J 景区补偿金的行为不满,又总有另一些非体制精英乐于从与村庄体制精英的交往中获取利益,如李山通过给村代表一些利益(如答应给村代表一块宅基地)而让村代表在并购景区补偿金分配协议上签字。内部的分化往往导致非体制精英不能构成对体制精英的有效制约,体制精英也由于权力的运作低效而更乐于充当村庄的代理人而不是保护人,导致村庄中体制精英与村民之间往往处于矛盾和对立的状态中。南 S 村实力型精英张义兴的能力和影响力使其足以对抗村落中的任何体制精英,其与体制精英达成协议的成本应该比较低[①],但实际调查中我们发现体制精英与张义兴之间并没有形成一致的默契,

---

① 仝志辉,贺雪峰.村庄权力结构的三层分析——兼论选举后村级权力的合法性.中国社会科学,2002(2).

张义兴与村体制精英之间仍存在严重的矛盾。在股份纠纷事件中主要表现在张义兴拒绝给村干部发放景区工资,村干部对 R 景区进行查账,对村民堵路影响景区经营行为默许等。仝志辉、贺雪峰①认为"体制精英与非体制精英的互动成为村级权力合法性建构中最关键的环节",体制精英由于无法说服非体制精英支持自己的治理工作,无法调动非体制精英支持自己,导致缺乏动员村民的权威和中介,而村庄体制精英又缺乏直接面对村民的能力,这使得他们无力保持村庄秩序,使村庄体制精英、非体制精英和村民之间矛盾重重,难以建构村级权力的合法性。S 村体制精英与非体制精英互动中充满对立与矛盾,导致了村级权力合法性危机,而权力合法性危机又进一步使村庄中三层权力主体陷入对立与矛盾冲突的恶性循环之中。

第三节 权力结构视角下社区参与能力的提升路径

"社区参与能力的提升"主要解决两个方面的问题:一是社区权力主体的对立冲突问题,二是社区权力主体的参与困境问题。针对这两个方面,我们分别从国家—社会视角和村落内部视角看社区参与能力提升的路径:一是从国家—社会的视角,即国家政权建设,首先要完善国家土地政策,其次要借助国家政权建设的力量,即依靠国家对村落公共权力的构建,以及县乡机构的改革,促成民主自治的条件,村民依靠公共权力的保护而实施参与的权利,具体的操作路径为"强县、弱乡、实村"基层政权改革思路。二是从村落内部的视角,要依靠村庄内生力量,靠自身的内在力量生成凝聚社区的社会资本,提高村民的社区记忆,进而形成社区的凝聚力和向心力,形成村民的参与能力。

---

① 仝志辉,贺雪峰.村庄权力结构的三层分析——兼论选举后村级权力的合法性.中国社会科学,2002(2).

一、国家—社会权力结构视角的社区参与能力的提升

(一)国家土地法律政策的完善

国家的土地法律政策缺位是导致县乡地方政府对 M 村进行拆迁征地的重要因素。要杜绝县乡基层政府的农村征地冲动,根本的一点是必须重新修订与完善国家土地法律,主要体现在三个方面:一是从法律上完善农村土地产权制度。针对当前农村土地产权模糊的问题,有学者[①]提出在不改变土地所有权的制度框架下,提出变农村土地"承包制"为"永包制",在立法上规定承包者拥有对所承包土地的所有重大处置权,允许资源向最能充分利用它的主体流动,从而实现资源最优配置。笔者认为这是一条可行的路径,该建议在不改变农村土地集体所有的前提下,实现了村民基本上永久拥有自己土地的愿望,可以有效地避免地方政府插手农村土地的问题。二是要严格界定"公共利益用地"的范围。我国的立法或政策规定往往偏好于采取原则性和方向性界定,而很少指出具体的边界范围,这也给地方政府提供了利用边界范围界定不严格"打擦边球"的机会。因此,立法中要严格限定公共利益用地的具体范围,对于滥用权力征地的地方政府要给以严厉惩罚。三是完善征地程序。虽然我国《土地管理法实施条例》明确规定了地方政府征地的程序,但对于地方政府违规操作却没有相应的惩戒措施。如在 M 村的征地过程中,县乡基层政府在征地审批手续还没有正式办下来时,便允许 Q 公司集团开始建设项目动工,这违反了土地征用程序,但却没有相应法律可以对之进行有效的制止。因此,制定对地方政府违反土地征用程序的惩戒法律制度,并将征地程序合法性问题纳入到上级政府对地方政府的考核体系中,是解决的一个有效途径。同时,在征地过程中还要遵守以市场价格补偿农民的原则,保障农民在征地补偿中的平等谈判地位,征地双方可以就补偿价格问题进行谈

---

① 叶麒麟,郑庆基.论乡镇政府在征地中的角色定位——从乡镇政府行为的逻辑谈起.湖北社会科学,2006(10):30-33.

判,也是征地程序中所要涉及的问题。

(二)对县乡村基层政权进行改革

从县乡基层政府角度看,由于其对外面临上级的"保增长、保民生、保稳定"压力,对内面临财政支出的压力,为了解决这些问题,征用农村社区土地、引进投资项目就成为最快的捷径,加之国家土地法律制度的缺位,使地方政府征地冲动得以释放和实现。而村两委作为村基层政权组织,在征地的过程中,很容易与县乡基层政权结合成利益共同体,这种利益共同体借助"公共利益"的需要,借助行政手段,甚至是暴力手段,用低廉的价格向村民征地,然后或在市场中出售,或交给企业开发,以赚取征地利益。因此,要抵制县乡村基层政权对乡村土地资源的吞噬,改变县乡村三级政权赢利型经纪的形象,使县乡村基层政权走出公权力权威缺乏的合法性困境,就需要对县乡村三级政权进行改革。改革的目标是使县乡村政权从赢利型经纪组织变成保护型经纪组织。在具体的改革思路中,笔者比较赞成贺雪峰、刘勤①所提出的"强县、弱乡、实村"的三级政权体制整体改革思路,即在遵循差别性、依附性、适应性、整体性、消极行政五项基本设计原则基础上,传统农业型地区的县乡村体制整体设计应遵循推行村治、实行乡派、建立县政、改造县政的进路,由此构建出一个整体的"县政乡派村治"的县乡村行政体制框架。"实村"改革进路是出于当前农民的原子化孤立状况使村庄很难内生秩序,必须通过行政嵌入形成秩序的考虑。同时,强势的地方政府在维持地方秩序的同时又掠夺农民,谋取私利,因此必须通过体制内的县乡民主来制约地方政府。具体可行的途径是将乡镇政府改为县级的派出机构,并通过完善选举制度和强化县级人大职能来约束具有强势能力的县行政权力及其派出机构乡公所,这就是"强县、弱乡、实村"改革设计。贺雪峰等人的"强县、弱乡、实村"的三级政权体制整体改革思路比较符合中国多数村庄的实际情况,在操作上具有一定的

---

① 贺雪峰,刘勤.县乡村体制整体设计的基本原则及具体进路.江西社会科学,2004(1):34-36.

可行性，但在"实村"改革设计中，贺雪峰等人虽然提出具有强势力量的地方政权要介入到村庄自治之中是乡村秩序达成的宿命，并强调了在不改变当前村庄自治框架的前提下，强力地方政权的作用在于解决村庄所无法解决的问题，比如村庄公共物品和服务的供给等。但在不改变村庄现有权力格局的情况下，在村庄权威性权力的作用之下，这一县镇权力的介入也未必能够使村庄建立起真正的公共权力，来维护村民的整体利益，达成村治秩序。鉴于此，笔者认为"实村"改革设计中应该考虑村庄权威性权力给"实村"改革带来的不利影响，而要改变村庄权威性权力的性质，仅仅依靠地方政权的强力介入村庄是不够的，还需要从国家政权建设的角度在村落范围内建立新的公共政权机构、推行新的自治规则，而这些公共机构和公共原则的核心目标即是保护村民的权利、提供公共产品与服务、管理公共事务，同时，还要考虑优先培育村庄内生秩序和提升社区能力的路径。只有进行如上所述县乡村的整体化全面政权改革，村民才能具有监督和参与村中重大资源支配与分配的权利与能力，也才能从根本上杜绝县乡村权力利益共同体的形成，从而避免权力利益共同体对村庄土地资源的低价征用。

二、社区内部权力视角中的社区参与能力的提升：经济分化程度与社区记忆的提升

不稳定且运作低效的外向型的权力结构导致了各权力主体事件参与过程中的对立冲突。因此社区记忆程度和经济分化程度成为影响社区权力结构的重要因素，而提升社区记忆程度和经济分化程度，以改善权力结构将成为解决事件中各主体对立冲突的重要途径。

从村落经济社会分化角度看，村落精英尤其是非体制精英掌握经济社会资源的多少成为影响农村经济分化程度的重要标准。由于北S村为单独经济核算单位，且北S村的J景区是村中集体收益的主要来源之一，景区以个人承包的形式开发，承包人就是本村的生产队队长李山，这一景区承包模式使村中体制精英,即生产队队长李山掌握了景区资源,而村中的非体制精英、普通村民之间经济分化并不明显,村中缺乏与体制精英相抗衡的经济精英,村中仅仅存在弱小的非体制精英,他们在村域内也有一定的威望,但其影响力有限,而且较分散,故这些非体制精英无法形成政治合力。因此,要培育村落社区内部非体制精英,必须要使其掌握村落的一定经济资源,使其能够与村体制精英相抗衡。非体制精英的崛起往往决定了其与体制精英相抗衡和保护村民的能力,也决定了权力结构的稳定性和运作效力高低问题。与北S村非体制精英分化程度低不同的是,南S村非体制精英经济社会分化程度则比较高,其主要标志是村落中的非体制精英张义兴的崛起,张义兴在事件中与村体制精英和村民之间的联系对事件的权力结构产生重要影响。但在事件中,张义兴与村干部和村民之间却存在对立与矛盾纠纷,导致张义兴失去实现自我价值的动力与兴趣。因此,要培育村落社区内部非体制精英,除了使其掌握一定的经济资源外,还必须加强村经济精英的实现自我价值的动力,加大经济精英的村落价值生成空间和价值认同感,让其生活面向村落内部,而不是村落外部。同时,充分调动其在村落内部实现自我价值的内驱力,让村庄的经济强人关注社区内部事务,在村庄中重建非体制精英应有的号召力和威望,给其充分实现自我价值的动力与空间。同时,要在村落内部创造村民一致赞誉与认可的精英文化价值环境,提高村民对精英的信任程度,使其在村落政治行动中维护村民的利益,主动监督村干部的行为,进而提高村庄的凝聚力。

　　弱社区记忆的村落意味着村庄权力结构的外向性和村庄权力结构的低稳定性,而这进一步导致各权力主体社区参与的不足与对立冲突,进而对社区旅游的可持续发展产生重要影响。因此,社区记忆的重建成为提升社区参与能力的重要途径,社区记忆重建的重点在于社区意识的形成和社区凝聚力的提升,而社区记忆重建的动力来源于社区社会资本的培育。关于社会资本概念的界定学界众说纷纭,莫衷一是。而关于社会资本研究的核心问题主要集中在四个方面:社会资本的概念、属性、作用和测量与创造①,本书重点关注的是社会资本的功能(作用)问题。西方社会理论家对社会资本的功能作了重点阐述,布迪厄认为社会资本的功能在于"为群体的每个成员提供共有资源的支持"②,普特南则从宏观社会资本功能的角度提出了"社会资本指的是社会组织的特征,例如信任、规范和网络,它们能够推动协调的行动来提高社会的效率"③,日本学者福山则认为信任构成了一个国家的社会资本基础,信任有利于推动国家的经济和社会繁荣④。科尔曼对社会资本的认识则直接从功能主义的理解开始,他认为"社会资本的定义由其功能而来……其共同特征有两个:它们由构成社会结构的各个要素所组成,它们为结构内部的个人行动提供便利。和其他社会资本一样,社会资本是生产性的,是否拥有社会资本,决定了人们是否可以实现某些既定目标"⑤。上述关于社会资本功能理论的论述重点强调边界内部的凝聚力和紧密程度,林南曾对科尔曼的社会资本理论做出评价,认为"团体的紧密性和内在的凝聚力是有必要的……因为是紧密性维持并提高了普遍信任、规范、权威和制裁等。这些团结的力量保证了网络资源得以动员"⑥。总之,社会资本的培育有利于增强社区内部的凝聚力、紧密性和认同度,并进而提高村庄权力结构的稳定性和内向型,有利于提高社区参与的水平与程度。结合 S 村的历史和社区记忆的现状,本书提出如下几点培育社会资本的路径:

一是挖掘与重建村落历史文化。S 村的历史和明长城的修建密切相关,笔者曾试图查找该村相关历史文献,但却没有结果。而《Y 县志》除了有一点

---

① 谢志岿."社会资本":理论史和主要论域.学术探索,2007(3):49-57.
② 姚福喜,徐尚昆.国外社会资本理论研究进展.理论月刊,2008(5):143-148.
③ 赵凌云.争议与解决途径——再论社会资本的功能.内蒙古社会科学(汉文版),2008(4):117-120.
④ 同上。
⑤ 科尔曼.社会理论的基础.北京:社会科学文献出版社,1999:354.
⑥ Nan Lin, K. Cook, R. S. Burt, Social Capital: Theory and Research, New York : Aldine de Gruyter, 2001:10.

关于 S 长城及村落行政变迁的记载外,对 S 村的历史基本没有记载,因此挖掘村落的历史文化,重新修葺村落中的长城和庙宇,整理村落的族谱与家谱,并加强村落文化保护意识的培养,将有助于重建村落与历史的联系,增加村民的村落认同感和凝聚力。

二是重视乡规民约的实践性。在理想状态下,国家进入乡村秩序的方式有两种,一种为国家通过法律的方式来规范村庄秩序,另一种是仲裁的方式,即国家不直接干涉乡村的管制规则,而是出现问题才介入裁定是非。中国的乡村多发生这类情况①,而这类情况的"乡村管制规则"即指"乡规民约"。乡规民约具有一种相对独立性,即独立于国家法律之外。在乡村范围内,乡规民约"往往有在长期实践中被承认(默认)的'立法'和'司法'权力。这些权力未必代表国家,但与后者的权威性相比毫不逊色"②。乡规民约的特别之处在于保护村民各项行动的正当性,村民的各项权利如选举权、财产收益权、社会福利权传统上是由村庄来界定的,这种界定在现实中通常并不需要依据更大范围的宪法③。S 村的弱社区记忆性质导致传统的乡规民约已经不再对村庄发生影响,而 S 村当代的乡规民约的代表,即村庄的村民自治章程也依然没有发挥有效的作用。S 村的村民自治章程一直沿用着 S 镇制定的村民自治章程,笔者调研期间执行的是 2007 年 8 月 1 日起执行的《S 镇村民自治章程》,该自治章程在实践中并不能得到严格的执行。如该章程的第十五条规定"村民代表必须经村民选举产生,村民代表由 5～15 户中的村民直接选举一名代表",然而在实际执行中,S 村民反映村民代表往往由村组队长指定,而不是选举产生。该自治章程的第三十条规定"凡涉及村集体重大经济的承包、租赁、转让、转包、转租、拍卖项目、期限方式、款额等必须提交村民大会或村民代表大会讨论决定,其他任何组织和个人无权决定",但在北 S 村景区并购中,李

---

① 张静.基层政权:乡村制度诸问题.上海:上海人民出版社,2007:83-85.
② 张静.基层政权:乡村制度诸问题.上海:上海人民出版社,2007:84.
③ 张静.基层政权:乡村制度诸问题.上海:上海人民出版社,2007:84.

山却没有通过村民大会或村民代表大会讨论决定景区是否被并购,而仅仅是召开村民代表会议讨论了补偿金的分配问题。除此之外,该章程规定的村财务管理制度与现实的财务管理相差甚远,还存在打白条现象,村干部的民主监督等制度也依然流于形式。乡规民约作为一种规范形式,而"规范"是社会资本的重要特征,布迪厄认为社会资本是在惯习和场域的共同作用中产生的①,因此"规范"代表社会资本的一个重要的标志是具有实践性。乡规民约作为村庄管制规则,不应该仅仅停留在纸面上,更应该切实地运用到实践中。只有乡规民约得到践行,乡规民约才能转化为社会资本,内化为村民的习惯,这样才能规范村庄的集体的秩序和提升内聚力,改变村庄治理规则,进而增强社区参与的能力。

三是提高村民行动的社会关联程度。社会关联指的是"处于事件中的村民在应对事件时可以调用村庄内部关系的能力"②,"若一个村庄中的大部分村民都缺乏调用相互之间关系的能力,我们说这个村庄缺乏社会关联,或社会关联程度很低,这样的村庄无力组成共同的经济协作,无力对付地痞骚扰,无力达成相互之间的道德和舆论监督,也无力与上级讨价还价。它的秩序因此难以建立,村道破败,纠纷难调,治安不良,负担沉重且道德败坏"。③ 简单来说,村庄社会关联强调村民在村庄内部各种关系网络中调用资源的能力,这一概念内涵与林南的社会资本的概念颇为相似。林南从个体行动的立场研究社会资本,将社会资本定义为"个体为了在嵌入性资源中获取回报,通过工具行动和表达行动而在社会关系中的投资"④。林南的社会资本概念也强调个体在关系网络中获取资源的能力,这与社会关联概念有共同之处。但不

---

① 王岳川. 布迪厄的文化理论透视. 教学与研究,1998(2):39-44.
② 贺雪峰,仝志辉. 论村庄社会关联——兼论村庄秩序的社会基础. 中国社会科学,2002(3):124-134.
③ 贺雪峰,仝志辉. 论村庄社会关联——兼论村庄秩序的社会基础. 中国社会科学,2002(3):124-134.
④ 刘少杰. 经济社会学的新视野——理性选择与感性选择. 北京:社会科学文献出版社,2005(10):171.

同之处在于,社会关联概念是从村庄整体或部分的角度强调获取资源的能力,而林南的社会资本概念则从个体的角度来强调其获取资源的能力。因此社会关联的内涵既具有关系网络的整体性,又强调集体的行动性。综上所述,社会关联和社会资本具有很高的紧密性和关联性,社会关联程度越高,则社会资本的功能性越强。更重要的是,村庄社会关联可以直接同村庄的治理水平联系起来,一个村庄的社会关联强,村民具有强大的一致行动能力,则村庄治理水平相对较高[1],从而社区参与的程度就高。贺雪峰和仝志辉进一步将村庄的社会关联划分为传统型社会关联与现代型社会关联。所谓传统型社会关联指以伦理和神性为基础建立起来的社会关联,而现代型社会关联是指经济社会分化水平较高的地区,以契约为基础建立起来的社会关联。社区记忆影响着传统型社会关联,而经济社会分化则决定着现代型社会关联。B类村庄既缺乏传统的社会关联,又缺乏建立起现代型社会关联的能力,而C类村庄传统社会关联力量较弱,但具有建立起现代型社会关联的可能性[2]。北S村属于缺乏传统的社会关联,又缺乏建立起现代型社会关联能力的B类村庄,要提高社会关联度,形成村民统一的行动能力,似乎可能性不大。但南S村属于C类村庄,村中存在经济强人即R景区董事长张义兴,其在南S村的影响力已经无人可以比肩,其通过股份契约关系、雇用关系等现代市场关系可以建立起现代型社会关联,但问题在于南S村为记忆断裂的村庄,占据优势经济社会资源的张义兴依然面临着在村中缺乏实现自我价值的动力的问题,因此,让村庄的经济强人关注社区内部事务,在村庄中重建非体制精英应有的号召力和威望,给其充分实现自我价值的动力与空间,则可以提高村庄的社会关联度和村庄的凝聚力,提高村民参与事件的能力。

---

[1] 贺雪峰.论社会关联与乡村治理.国家行政学院学报,2001(3):61-64.
[2] 贺雪峰,仝志辉.论社会关联——兼论村庄秩序的社会基础.中国社会科学,2002(3):124-134.

本章小结

本章主要论述了社区参与旅游事件中权力性影响因素与权力结构视角下社区参与能力的提升路径。

M村事件参与各方对立冲突与参与困境中的权力性因素主要体现在三个方面：一是国家的土地法律政策缺位。表现在土地归属法律的缺位和公共利益用地与商业利益用地区分的模糊。二是县镇地方政府对村土地等资源干预控制比较强。正是由于基层政府利用自己特殊的强制力和垄断力不断地运用干预与控制手段与民争利，使村民常常感到自身的生存和利益受到威胁，对基层政府的话语和行为往往持怀疑态度，最后逐渐地对基层政府失去信任与认同，导致基层政府的合法性受到挑战。三是村落公共性权力的缺失。而造成公权力缺失的一个重要原因就在于村干部的权力本质上是一种"权威性"权力，这种权力的实质是公私权力混合的少数人控制权，其根本特征便是村干部利益与广大村民利益的分离，其权力的授权来源不是村落，而是地方政府。S村事件参与各方对立冲突与参与困境的权力性因素主要体现在三个方面，一是村庄权力结构的外向性。权力结构外向性特征意味着体制精英与村民关系松散，村庄的体制内精英倾向于选择"代理人"角色，而不是村庄"保护人"角色。这种偏重"代理人"角色的体制精英，由于其与村民利益的不一致而往往与村民发生对立冲突。二是村庄权力结构的低稳定性。权力结构的低稳定性意味着非体制精英与村民关系不稳定。在S村中，无论是实力型非体制精英，还是弱小的非体制精英，其与村民之间建立的关系都不稳定，且无法结成有效联盟以对抗村体制精英，无法形成对村干部集体资源支配权的有效监督与制约，这就造成了非体制精英不能有效地保护村民权益，而且非体制精英与村民之间的矛盾关系还往往被村体制精英所利用（如南S村的景区双份工资事件),以获取自身的利益。三是村庄权力结构的运作效力低。权力结构的运作效力低体现出体制精英与非体制精英达成交易的成本比较高。北S村由于非体制精英的弱小,导致体制精英与非体制精英达成交易成本比较高,非体制精英很难与体制精英达成任何真正有效的协议。南S村实力型精英张义兴的能力和影响力使其足以对抗村落中的任何体制精英,但其与村庄体制精英在景区经营管理与利益分配方面却矛盾重重。由于S村体制精英与非体制精英互动中充满对立与矛盾,导致了村级权力合法性的危机,而权力合法性危机又进一步使村庄中三层权力主体陷入对立与矛盾冲突的恶性循环之中。

"社区参与能力的提升"主要解决两个方面的问题,一是社区权力主体的对立冲突问题,二是社区权力主体的参与困境问题。针对这两个方面,我们分别从国家—社会视角和村落内部视角,以M村和S村为个案,探讨社区参与能力提升的路径:从国家—社会角度看,首先要完善国家土地政策,其次要借助国家政权建设的力量,即依靠国家对村落公共权力的构建,以及县乡机构的改革,促成民主自治的条件,村民依靠公共权力的保护而实施参与的权利,具体的操作路径为"强县、弱乡、实村"基层政权改革思路。除了从国家政权建设的角度推行"强县、弱乡、实村"基层政权改革思路外,从村落内部的视角看,还要依靠村庄内生力量,提升经济分化程度和社区记忆,生成凝聚社区的社会资本,即从提升村落非体制精英掌握资源的能力和培育社区精英文化、挖掘与重建村落历史文化、重视乡规民约的实践性、提高村民行动的社会关联程度四个方面提高村民的社区记忆,进而形成社区的凝聚力和向心力,形成村民的参与能力。

第六章 权力结构视角下社区参与旅游的理论探讨

第一节 权力结构视角下社区参与旅游特征的理论探讨：兼与旅游社区利益相关者理论作比较

一、社区参与旅游的策略：一个权力运作的过程

从 M 村和 S 村各权力主体的社区参与旅游策略看，这些策略反映出各权力主体之间的博弈互动过程，往往体现出权力的运作过程，而这一参与过程往往不是平等和公平的，这些策略往往是伴随着强迫、压制、服从、反抗、冲突的过程。因此，社区参与旅游策略既是一种参与策略，又是权力主体间的权力运作过程。从旅游社区利益相关者理论看，该理论也特别重视权力关系在社区旅游利益相关者中合作或协作过程中的影响性[1]，并借助博弈理论来研究利益相关者之间的互动策略及其对利益格局的影响[2]，并将权力关系作为

---

[1] 郭华.乡村旅游社区利益相关者研究：基于制度变迁的视角.广州：暨南大学出版社,2010(5):36-38.
[2] 代则光,洪名勇.社区参与乡村旅游利益相关者分析.经济与管理,2009(11):27-32.

利益相关者合作成功或失败的特定影响变量①。应该说,权力结构视角和旅游利益相关者理论视角都关注社区参与策略问题,关注权力关系和参与旅游的过程,但两个理论视角在参与旅游策略上也有不同之处:一是对权力结构的关注重点不同。旅游利益相关者视角将权力结构(或权力关系)始终看作旅游参与过程中一个外在的影响变量,重点关注权力对利益相关者地位的划分和对利益格局的影响,其核心依然是追求如何重新达成新的利益分配格局②。权力结构视角则强调权力结构是旅游参与过程中的内生变量,社区参与旅游的策略实际上也是权力主体权力运作的过程,重点关注新的权力秩序的达成问题。二是从社区旅游参与策略的主动性对比来看。保继刚和孙九霞从旅游社区利益相关者角度出发,认为社区几乎都是被动参与旅游,由于被动的社区村民的强烈抗争,往往导致相对强势的政府和企业一起陷入被动③。而权力结构视角则认为无论在社区外部还是社区内部,权力主体都有不同程度的主动性掌握在自己手中,只是把握主动性的程度不同而已,而这些主动性往往伴随着旅游策略的运用而展现出来。

二、社区参与旅游的逻辑:权力背后利益、制度和伦理要素的混合推动

旅游社区的利益相关者参与旅游的逻辑主要在于利益的关联,利益相关者通过剩余索取权的合理分配来实现自身的权益,通过控制权的分配来相互牵制、约束,从而达到长期稳定合作的目的④。应该说,对社区利益分配的关注是利益相关者参与旅游的核心动力来源,但这种利益分配遵循的不是传统经济学的股东利益最大化原则,而是社区各利益相关者的平等、相互制衡、满

---

① Reed M. G. Power Relation and Community - based Tourism Planning, Annals of Tourism Research,1997,24(3):566-591.
② Reed M. G. Power Relation and Community - based Tourism Planning, Annals of Tourism Research,1997,24(3):566-591.
③ 保继刚,徐红罡,Alan A. Lew. 社区旅游与边境旅游. 北京:中国旅游出版社,2006:29-30.
④ 杨瑞龙,周业安. 企业的利益相关者理论及其应用. 北京:经济科学出版社,2000:122.

足社区可持续发展的原则,这些原则赋予了旅游利益相关者理论以社会伦理色彩。这一伦理强调保护各利益相关主体、强调旅游可持续发展,因此旅游利益相关者概念可以看作是可持续发展观念的延伸①,但即便如此,社区旅游利益相关者参与旅游的行动逻辑依然是利益的分配,所谓伦理原则不过是保护利益相关者利益的行动原则,旨在保护相关利益主体的利益,最终实现社区旅游可持续发展的目标。而权力结构视角中的权力主体参与旅游的动力来源却比较复杂,既有利益上的驱动,如县乡政府为了获得旅游预算外的收入进行征地、村民由于利益被剥夺而进行反抗,又有制度上的安排,如国家法律政策的缺位导致县乡政府对村庄低价征地成为可能,委托代理制度使村干部支配村集体景区资源成为可能,此外,还有伦理上的诉求,无论是在M村,还是在S村,都存在由于村集体土地或景区资源被剥夺而导致村民"气"的推动和"生存伦理"要求。与旅游社区利益相关者视角强调利益相关主体参与旅游动力来源于利益分配不同,权力结构视角对参与旅游的动机探讨更为深入,除了强调利益是权力主体介入旅游的重要动因外,对制度和伦理因素在旅游参与中的重要性也做了探讨。应该说,权力主体往往不是由某种共同因素的驱动而参与到旅游事件中来的,而是利益、制度和伦理三种因素混合在一起的结果。这里需要强调的是,两种理论视角虽然都强调了"伦理"在参与旅游中的作用,但强调的内容和功能是不同的。旅游社区利益相关者理论关注的是社会伦理,即"可持续发展"和"保护利益相关者"的社会伦理和社会责任;而权力结构视角则关注的是人本伦理,关注村民这一权力主体价值实现、"生存"伦理道德和为了维护自身尊严和荣誉而争口气的人伦价值问题。从两种理论视角的伦理功能看,旅游社区利益相关者视角强调的是保护参与各方利益的社会伦理,参与旅游事件的动因依然是利益,而权力结构视角则强调产生行动逻辑的人本伦理,这种伦理是参与旅游事件的逻辑或促进因素

---

① 孙九霞,保继刚. 从缺失到凸显:社区参与旅游发展研究脉络. 旅游学刊,2006(7):63-69.

之一。

三、社区参与旅游的困境与对立冲突:权力结构性质的凸显

从权力结构的视角看,社区参与旅游的困境和对立冲突主要是由权力结构自身性质所导致的。从国家社会的权力结构性质看,地方基层政府为了旅游开发而对村庄土地资源进行侵占而导致公权力权威下降,村落内部权威性权力同地方利益的分离导致自治权力合法化危机,以及县乡基层政权与村庄政权结成权力利益结构网络而对中央政府和社区监督屏蔽隔离,这些权力性质造成了基层政府与村民参与旅游事件过程中的困境和对立冲突。从社区内部的体制精英—非体制精英—村民权力结构性质看,村庄权力结构的外向性、低稳定性和运作的低效性造成了各权力主体间的参与旅游的困境与冲突。而从社区旅游利益相关者视角看,社区参与旅游的困境和对立冲突主要是由不同利益群体的竞争所引起的。科克(Kohn)指出,阻碍社区参与旅游的重要因素之一即是由于社区的异质性而导致不同利益群体的存在,从而引发潜在的旅游利益的相互竞争[1],也即不同利益主体的利益竞争造成了社区参与不足与困境。除了利益竞争导致外,瑞德(Reed)认为权力关系也是影响利益相关者合作成功或失败的重要变量[2],也即权力关系可能导致利益相关者之间的对立冲突,但正如前文所述,在社区旅游利益相关者理论视角下,权力关系虽然被认为是导致利益主体间对立冲突的重要影响因素,但权力关系始终是一个外在的解释变量,我们无法观察到权力关系到底是什么样的结构关系,具有怎样的性质,又是如何作用影响主体的,而要解决这些问题,也只有透过权力结构的视角,将权力关系作为旅游参与过程中的内生变量,才能彻底解答这些问题。

---

[1] Koch E. Ecotourism and Rural Reconstruction in South Africa: Reality or Rhetoric. London: Earthscan,1997:214-238.

[2] Reed M. G. Power Relation and Community-based Tourism Planning. Annals of Tourism Research,1997,24(3):566-591.

第二节 村落社区参与旅游能力提升的理论探讨：
兼与旅游社区增权理论作比较

如前文论述，我们以京郊 M 村和 S 村为个案总结了国家—社会视角和村落内部视角下提升社区参与能力的路径。从国家—社会的视角看，主要从国家政权建设的角度入手，具体的操作路径为国家法律制度的完善和"强县、弱乡、实村"基层政权改革思路。从村落内部的视角看，要依靠村庄内生力量，靠自身的内在力量生成凝聚社区的社会资本，提高村民的社区记忆，进而形成社区的凝聚力和向心力，形成村民的参与能力。虽然我们对京郊二村分别提出了提升参与旅游能力的思路，但如果我们进一步思考，在这两个村落中，如果抛开上述国家社会和村落内部权力结构视角的区别限制，那么国家政权建设的路径和村落社会资本内生生成的路径，这两条路径在中国乡村旅游社区参与中哪个更具有可行性，这两条路径是否具有融合的可能，是一个非常有意义的问题。而针对这些问题仅靠本书两个村落的调查还很难得出结论，不同村落社区的旅游开发主导模型和不同的村庄性质可能导致不同的解决路径，这需要在大量观察基础上进行概括与总结。鉴于此，本书仅试图在比较权力结构视角和西方旅游社区增权理论的基础上对上述的问题作一简单探讨。

我们从村落内部的旅游参与能力提升的角度看，目前比较流行的关于社区参与能力提升的理论主要为西方的旅游社区增权理论（Community Empowerment Theory）。该理论是强调依靠社区内部力量，通过社区内部的共同努力而增加人们参与旅游能力，所谓增权（empowerment）指的是"人们在不受任何行为限制的情况下,从自身利益出发采取行动,进而提高其个人能力的过程"[1]。增权是由权力(power)、无权(powerlessness)、去权(disempowerment)等核心概念构建起来的[2]。1999年思切文斯(Scheyvens)提出了一个完整的包括经济、心理、社会和政治四个维度的社区内部旅游增权框架(见表6-1)。

表6-1 旅游社区的增权框架

	增权的表现	去权的表现
经济增权	旅游给社区带来了持续的经济收益,这些收益为众多的社区成员分享,并使生活水平提高(如供水系统得到完善,房屋更持久)。	旅游给社区仅仅带来很少的、暂时的收益,大部分收益流向当地精英、外地开发商、政府机构等,只有少数几个人或家庭得到了直接利益,其他人则因为缺乏资金或技能而无法分享利益分配的权利。
心理增权	许多社区成员因为社区文化、自然资源和传统知识的独特价值得到外界承认而增强了自豪感。不断增强的自信使他们进一步寻求教育与培训的机会。就业及收入情况的改善使传统上位于位底层的群体如妇女和年轻人的社会地提高。	许多居民并没有因旅游业的发展而受益,却由于对保护区资源利用的机会更少而面临更大的困难。他们为此感到沮丧、漠然或对变革不报任何幻想。
社会增权	旅游业的发展保持或增强了社区的内部均衡。当社区成员和其家庭为开创成功的旅游事业而一起工作,社区的内聚力得到提升。更多的资金被用于社区发展,如建设学校或改善交通等。	社会不和谐并衰落,许多社区成员接受了外来的价值观念,而失去了对传统文化和长辈的尊重。处于不利地位的群体(如妇女)承担了旅游发展带来的压力,但无法分享在利益分配中的权利。社区成员和家庭或社会经济团体不仅不合作,而且还相互争夺潜在旅游资源。憎恨和妒忌普遍存在。

---

[1] Herbert – Cheshire L. Contemporary Strategies for Rural Community Development in Austrilia: A Governmentality Perspective. Journal of Rural Studies, 2000(16):203 – 215.
[2] 左冰,保继刚.从"社区参与"走向"社区增权"——西方"旅游增权"理论研究评述.旅游学刊,2008(4):58 – 63.

续表

	增权的表现	去权的表现
政治增权	社区的政治结构公平地体现了所有社区群体的需要与利益，它提供了一个人们旅游发展交流的平台。那些旅游活动的发起或执行机构在经营过程中会倾听社区集体的意见，以及给他们提供参与政策制定的机会。	社区中存在专制和以自我为中心的领导集体。旅游活动的发起或执行机构把社区作为消极的受益人，并不将他们吸纳到政策制定的过程中，所以大部分社区成员感到他们对当地是否发展旅游及如何发展旅游毫无发言权。

资料来源：Scheyvens R. Ecotourism and the Empowerment of Local Communities. Tourism Management, 1999(20):245-249.

思切文斯认为，要实现社区真正参与到旅游中来的想法，则需要将权力从国家层面下放到社区层面，具体的做法是社区中各种力量的代表都应该参与到旅游发展整个决策中来，同时还需要成立类似董事会或地方旅游组织一类的机构以防止地方精英操控地方旅游发展[1]。思切文斯的旅游增权的框架和手段虽然具有一定的合理性和可操作性，但却存在两点问题：一是增权理论中的"增权"途径指的是提高个人的参与决策权和通过民间机构控制地方精英，而没有考虑到社区内部权力结构的稳定性、面向性和运作效力问题，这忽视了权力结构对社区参与旅游的重要作用，进而可能导致在一些权力结构运作稳定性差、外向型和运作效率低的村落中这种增权仅仅是在"走过场"，无助于提高村民的实际参与能力，景区的控制权依然掌控在村落权威手中。因此，在不借助外界改造的前提下，通过提高这些村落的社会资本，进而形成村落强社区记忆，增加村庄的凝聚力和向心力，进而改变村落权力结构的性质或许是一条可行的路径。二是村民的个体权利的实现与国家政权建设问题。国内学者左冰、保继刚[2]认为，西方的旅游增权理论是一种"狭隘的权力

---

[1] 左冰,保继刚.从"社区参与"走向"社区增权"——西方"旅游增权"理论研究评述.旅游学刊,2008(4):58-63.
[2] 同[1].

观",因为它仅仅强调个体参与能力和技能,而没有将"个体权力"扩展为"个体权利",包括经济、社会和政治的权利,个体权利才是合法权力的基础。而要确立个体权利的地位,在目前中国乡村社会也只有通过国家政治制度确立和法律建设来完成,通过建立一套正式的国家支持系统来保证社区参与的利益,而国家政治制度建设就与本书所提及的国家政权建设联系起来了。左冰、保继刚强调社区内部建设和国家政权建设的融合,国家政权强势力量和社区相对弱势力量的制衡,甚至需要第三方力量来实现社区的平衡发展[①]。这些国家政权建设思路虽然很有启发性,但具体实施过程中依然显得过于模糊,而且该思路强调国家力量、社区力量以及第三方力量之间相互制衡,明显将国家政权建设和社区内部权力之间对立起来,认为国家政权建设和社区内部权力之间存在此消彼长的"零和博弈"关系,国家政权建设的推进必然导致社区内部权力的损失。针对这一点本书尝试提出"强县、弱乡、实村"基层政权改革思路和社区内部社会资本培育相结合的提升社区参与旅游能力的路径,强调以国家政权建设促进社区自治权力的变革,变权威性自治权力为公共性自治权力,并通过内部社会资本的培育改善村庄社区记忆,进而增进村庄权力结构的稳定性、内向性和运作效率,使国家政权建设和社区社会资本培育相互融合,相互促进,从而实现社区参与旅游的增权。

本章小结

本章对权力结构视角下社区参与旅游特征和社区参与旅游能力的提升进行了理论探讨。通过与旅游社区利益相关者理论的比较,总结出权力结构视角下社区参与旅游特征主要有三方面:一是社区参与旅游的策略是一个权

[①] 左冰,保继刚. 从"社区参与"走向"社区增权"——西方"旅游增权"理论研究评述. 旅游学刊,2008(4):58-63.

力运作的过程,与利益相关者理论强调权力结构对社区参与旅游外在影响性不同的是,权力结构理论更关注权力结构是旅游参与过程中的内生变量,社区参与旅游的策略实际上也是权力主体权力运作的过程,重点关注新的权力秩序的达成问题;二是社区参与旅游的逻辑方面,利益相关者理论强调社区参与旅游的逻辑是对社区利益分配的关注和利益各主体间利益分配秩序的达成,而权力结构视角则强调社区参与旅游的逻辑是权力背后利益、制度和伦理要素的混合推动的结果;三是从社区参与旅游的困境与对立冲突的成因看,社区旅游利益相关者视角认为社区参与旅游的困境和对立冲突主要是由不同利益群体的竞争所引起的,而权力结构视角则认为社区参与旅游的困境和对立冲突主要是由权力结构自身性质所导致的。

  本章还对权力结构视角下村落社区参与旅游能力提升进行了理论上的探讨,通过与旅游社区增权理论的比较,本书认为单靠社区内部力量提升社区参与旅游的能力是远远不够的。目前中国乡村社会还需要通过国家政治制度确立和法律建设来增强社区参与旅游的能力,强调以国家政权建设促进社区自治权力的变革,变权威性自治权力为公共性自治权力,并通过内部社会资本的培育和外部的县、乡、村三级改革,实现社区旅游参与的增权。

结论　权力结构视角下社区参与旅游的总结与思考

在京郊 M 村和 S 村发生的旅游社区参与事件实际上是旅游社区非常典型的参与事件,这样的事件在中国乡村和城市几乎每天都在上演。据统计,2011 年全国共查处违法违规强制征地拆迁问题 1480 个,共纠正和查处农村土地承包、流转、耕地占补平衡、土地整治中损害农民土地权益问题 1.4 万件①。这些问题背后除了制度缺位和利益冲突的原因外,实际上也是在事件发生的过程中、权力运作过程中权力主体对立冲突的结果,也即权力结构是导致事件中对立冲突的直接原因。

本书认为村落权力结构既有历史结构主义的生成本质与性质,也有后结构主义的实践性和互动性特征,对村落权力结构的界定是基于村落权力结构历史结构主义的背景,侧重于从权力主体实践的过程中考察村落权力主体的互动关系、权力结构特征,以及这一权力结构对村落的社区参与旅游过程产生的重要影响。具体可划分为国家—社会视角中的村落权力结构和村落内部视角中的权力结构。并总结了国家—社会视角和村落内部视角中村落权力结构的历史生成与变迁、权力主体和权力结构的性质。

从国家—社会权力结构视角看,以京郊 M 村的旅游拆迁征地事件为个案,从基层政府和村民两个权力主体出发,重点考察了两权力主体参与旅游

---

① 资料来源:中国新闻网,去年我国查处违法违规强制征地拆迁问题 1480 个.2012 - 01 - 06. http://www.ccwqtv.com/sx/Article/szgz/201201/31929.html。

拆迁与征地事件过程中的特征,其特征主要包括以下几方面:一是从参与双方的参与策略有效性看。县镇基层政府的参与策略有效性高,基本达到了获取土地资源的预期目的。而对于村民来说其参与的策略有效性低,虽然取得了一些进展,但暂时没有达到村民想要达到的预期目的。二是从参与过程中双方的主动性看。县镇基层政府参与基本上是主动的。对于村民来说,基本上是相对被动的参与,在参与过程中有时也能掌握一些主动性,但最终还是被基层政府"以势摆平"。三是从参与双方的力量对比、达成协议的成本及与村干部的关系紧密性看。县镇基层政府处于强势地位,动员能力强,与村民达成协议的成本低,且得到了村干部在工作上的紧密配合。而村民则处于弱势,动员能力弱,与基层政府讨价还价的余地小,且与村干部关系松散。四是从参与双方的参与逻辑、参与困境看。县镇基层政府参与逻辑是既有促进当地发展的良好愿望,又有现实的客观压力,由于拆迁征地事件中对村民的各种不良作为,导致村民对基层政府公共权力的公正性缺乏认同。而村民参与事件的逻辑主要是基于现实的利益驱动,生存的压力和"气"的推动,并面临着基层政府打击报复的"安全性困境"和政治上的"合法性困境"。

  从社区内部权力结构视角看,以京郊南北 S 村的旅游景区纠纷事件为个案,从村落内部体制精英、非体制精英和普通村民三个权力主体出发,考察了两个自然村的景区纠纷事件中三重权力主体间参与旅游过程中的特征,其特征主要包括以下几方面:一是从参与各方的参与策略有效性和主动性看。体制精英和实力型非体制精英参与策略有效性高,主动性强,基本达到其预期目的;而弱小型非体制精英参与策略有效性不高,或主动或被动参与事件中,部分地达到了预期目的;普通村民参与的有效性则比较低,参与过程整体上处于被动,但也有一定的主动性。二是从参与各方的力量对比、各方利益的一致性看。由于南北 S 村非体制精英的性质不同,事件参与权力主体整体上呈现出上强中强下弱及上强中弱下弱特点,且参与过程中各方利益不一致,存在对立或冲突。三是从参与双方的参与逻辑看。体制精英参与动力主要来源于对村景区资源支配权的驱动,非体制精英主要受到自我价值实现、利益和压迫性反应的驱动,而普通村民则受到利益、"气"和生存伦理的驱动。四是从参与困境和村干部景区控制权延续的制度保障看。体制精英面临着当家人和代理人角色合法性危机,非体制精英则面临"奥尔森困境"、"安全性困境"和自我价值实现困难等各种困境,普通村民则面临着"权力利益网"、"合法性"和"安全性"等多重困境。此外,面对权力危机,村干部维持其权力合法性的制度基础即是利用村选举制度和乡村干部内部利益庇护网。

在M村事件中,参与各方的困境和对立冲突的权力性影响因素主要包括国家的土地法律政策缺位、县镇地方政府对村土地等资源干预控制比较强,以及村落公共性权力缺失。而解决对立冲突和参与困境的路径主要包括国家土地法律政策的完善,即完善农村土地承包产权制度、严格界定公共用地的范围,完善征地程序和"强县、弱乡、实村"的三级政权体制整体改革设计。在S村事件中,参与各方的困境和对立冲突的权力性影响因素主要在于村庄权力结构的外向性,村庄权力结构的低稳定性,以及村庄权力结构的低运作效力。而解决对立冲突和参与困境的路径主要包括社区记忆的重建与社会资本的培育,具体操作思路一是挖掘与重建村落历史文化,二是重视乡规民约的实践性,三是提高村民行动的社会关联程度。

在对京郊M村和S村进行分析的基础上,本书从理论角度进行了两个方面的探讨:一是探讨了权力结构视角下社区参与旅游的特征,在与旅游利益相关者理论进行比较的基础上,提出了社区参与旅游的策略是一个权力运作的过程,社区参与旅游的逻辑实际上是利益、制度和伦理要素的混合推动,社区参与旅游的困境与对立冲突本质上体现了权力结构性质。二是对村落参与旅游能力提升的路径做了理论探讨,主要在评析旅游增权理论的基础上,提出了要实现社区的真正增权,可以尝试"强县、弱乡、实村"基层政权改革和社区内部经济分化程度和社区记忆提升相结合的思路。

上述"强县、弱乡、实村"基层政权改革和社区内部社会资本培育相结合的思路实际上为本书的研究视角提供了新的方向,即将国家权力结构视角和社区内部权力结构视角相融合,也即县乡政权—村庄精英—村庄非体制精英—普通村民四层权力分析结构,而上述四层权力结构视角在以往的社区参与旅游研究中并未涉及,原因在于原有社区参与旅游研究认为旅游村落主体即广大的村民是同质的[1],但实际上村落并不是同质和均匀的,村落内部可以做进一步的细分。对于村落内外部权力结构融合视角实际上我国农村学者也有探讨,黄宗智在对华北的小农社会发展和经济结构的关系的探讨中,曾提出过"国家、士绅和村庄"三层权力模式[2],萧楼、王小军认为中国农村与非均质的国家之间存在多重互动关系,而且二者之间在传承机制和权力结构上存在勾连,在研究调查村落的过程中提出了"国家、本地商贾、社区民众"三层权力结构[3],金太军通过对国内外权力结构研究文献的梳理,指出在研究角度上,村庄权力结构的内部研究和外部研究相互脱节,并提出了"乡政—村庄体制内精英—村民"三层权力结构[4]。以上研究为社区参与旅游中权力结构多层次视角提供了理论上的指导。应该说,在上述四层权力结构模式中,理想的模式是每一部分都与其他部分紧密关联,缺一不可,且相互制衡,共同作用的合力结果是每个权力主体都是受益者,达到各方利益与权力影响的最大化。在整个权力结构运行过程中,应遵循"自上而下,自下而上,由内而外,由外而内"的原则。"自上而下"指的是地方政府和村体制精英在旅游参与中起决策作用,并在参与旅游的过程中应更多地考虑和吸纳村非体制精英和普通村民的决策意见;"自下而上"指的是要发挥村非体制精英和普通村民的能动作用,调动广大村民参与旅游的热情与积极性,加强对政府和村体制精英

---

[1] 孙九霞. 旅游人类学的社区旅游与社区参与. 北京:商务印书馆,2009:306-328.
[2] 黄宗智. 华北的小农经济和社会变迁. 北京:中华书局,1986.
[3] 萧楼,王小军. 互构村庄:权力转换机制与村庄治理结构. 开放时代,2001(3):82-91.
[4] 金太军. 村庄治理与权力结构. 广州:广东人民出版社,2008:21.

的制衡作用,尤其是村非体制精英对基层政府和村体制精英的制衡作用,建立有效村民监督机制,使强势的地方政府和村体制精英不能随心所欲,而要依法办事;"由内而外"指的是社区参与旅游增权路径,即要培育社区内部社会资本,提高社区凝聚力和向心力,进而提高参与旅游能力;"由外而内"指的是"强县、弱乡、实村"基层政权外部改革路径,此外,加强社区参与能力建设,还可以引入非政府组织和法律援助等力量来监督与制衡政府的力量。以上四个原则相互配合,共同作用于社区参与旅游的过程之中。只有如此,旅游社区可持续发展的目标才能实现。

参考文献

[1]鲍勃·谢比伯,等.中加社区治理模式比较研究.上海:上海人民出版社,2006.

[2]保继刚,徐红罡,Alall A. Lew.社区旅游与边境旅游.北京:中国旅游出版社,2006.

[3]保继刚,孙九霞.雨崩村社区旅游:社区参与方式及其增权意义.旅游论坛,2008(1):58-65.

[4]保继刚,孙九霞.社区参与旅游发展的中西差异.地理学报,2006(4):401-413.

[5]陈先兵.维权话语与抗争逻辑——中国农村群体性抗争事件研究的回顾与思考.北京化工大学学报(社会科学版),2010(1):1-6.

[6]陈烨.内生式乡村旅游发展模式研究——以北京市Y县桃源仙谷为例.中国地质大学(北京)硕士学位论文,2010.

[7]代则光,洪名勇.社区参与乡村旅游利益相关者分析.经济与管理,2009(11):27-32.

[8]董海军."作为武器的弱者身份":农民维权抗争的底层政治.社会,2008(4):34-58.

[9]董海军.依势博弈:基层社会维权行为的新解释框架.社会,2010(5):96-120.

[10]杜赞奇.文化、权力与国家.南京:江苏人民出版社,1994.

[11]费孝通.乡土中国.上海:上海人民出版社,2006.

[12] 费孝通. 费孝通文集. 天津:天津人民出版社,1998.

[13] 郭华. 乡村旅游社区利益相关者研究:基于制度变迁的视角. 广州:暨南大学出版社,2010.

[14] 郭于华."弱者的武器"与"隐藏的文本". 读书,2002(7):11-18.

[15] 贺雪峰. 村庄精英与社区记忆:理解村庄性质的二维框架. 社会科学辑刊,2000(4):134-140.

[16] 贺雪峰. 论村级权力的利益网络. 社会科学辑刊,2001(4):52-56.

[17] 贺雪峰. 缺乏分层和缺失记忆型村庄的权力结构——关于村庄性质的一项内部考察. 社会学研究,2001(2):68-73.

[18] 贺雪峰. 关于村庄权力扩展性的讨论. 云南社会科学,2000(6):36-41.

[19] 贺雪峰,刘勤. 县乡村体制整体设计的基本原则及具体进路. 江西社会科学,2004(1):34-36.

[20] 贺雪峰,仝志辉. 论村庄社会关联——兼论村庄秩序的社会基础. 中国社会科学,2002(3):124-134.

[21] 贺雪峰. 论社会关联与乡村治理. 国家行政学院学报,2001(3):61-64.

[22] 何艺玲. 如何发展社区生态旅游——泰国 Huay Hee 村社区生态旅游(CBET)的经验. 旅游学刊,2002(6):57-60.

[23] 黄宗智. 华北的小农经济和社会变迁. 北京:中华书局,1986.

[24] 黄宗智. 长江三角洲的小农家庭与乡村发展. 北京:中华书局,2000.

[25] 黄宗智主编. 中国乡村研究(第一辑). 北京:商务印书馆,2004.

[26] 詹姆斯.C.斯科特. 农民的道义经济学:东南亚的反叛与生存. 南京:译林出版社,2000.

[27] 金太军. 村庄权力结构研究综述. 文史哲,2004(1):160-162.

[28] 金太军,王运生. 村民自治关系对国家与农村社会关系的制度化重

构.文史哲,2002(2):151-156.

[29]金太军.村庄治理与权力结构.广州:广东省出版集团&广东人民出版社,2008.

[30]约翰·克莱顿·托马斯.公共决策中的公民参与:公共管理者的新技能与新策略.北京:中国人民大学出版社,2005.

[31]科尔曼.社会理论的基础.北京:社会科学文献出版社,1999.

[32]黎洁.西部生态旅游发展中农村社区就业与旅游收入分配的实证研究——以陕西太白山国家森林公园周边农村社区为例.旅游学刊,2005(3):18-22.

[33]李连江,欧博文.当代中国农民的依法抗争//吴国光主编.香港:九七效应.太平洋世纪研究所,1997.

[34]刘纬华.关于社区参与旅游的若干理论思考.旅游学刊,2000(1):47-52.

[35]刘少杰.经济社会学的新视野——理性选择与感性选择.北京:社会科学文献出版社,2005.

[36]刘圣中.村委会候选人产生过程的政治内涵——古坪村选举的观察与解读.江西师范大学学报(哲学社会科学版),2007(6):57-63.

[37]刘有贵,蒋年云.委托代理理论评述.学术界,2006(1):69-78.

[38]龙良富,黄英,等.村民对旅游开发的社会反应:冲突论的视角——以中山市崖口村为例.调研世界,2010(9):30-33.

[39]马尔科姆.沃特斯.现代社会学理论.北京:华夏出版社,2000.

[40]马克斯.韦伯.儒教与道教.南京:江苏人民出版社,1993.

[41]曼瑟尔.奥尔森.集体行动的逻辑.上海:上海三联书店、上海人民出版社,1995.

[42]秦晖,苏文.田园诗狂曲——关中模式与前近代社会的再认识.北京:中央编译出版社,1996.

[43] 荣敬本,等. 从压力型体制向民主合作体制的转变:县乡两级政治体制改革. 北京:中央编译出版社,1998.

[44] 宋瑞. 我国生态旅游利益相关者分析. 中国人口·资源与环境,2005(1):36-41.

[45] 宋章海. 试论社区参与在区域旅游发展中的问题与对策. 贵州大学学报,2005(1).

[46] 孙九霞. 旅游人类学的社区旅游与社区参与. 北京:商务出版社,2009.

[47] 孙九霞,保继刚. 社区参与的旅游人类学研究:阳朔遇龙河案例. 广西民族学院学报(哲学社会科学版),2006(1):85-92.

[48] 孙九霞,保继刚. 从缺失到凸显:社区参与旅游发展研究脉络. 旅游学刊,2006(7):63-69.

[49] 孙立平,郭于华. "软硬兼施":正式权力非正式运作的过程分析//清华社会学评论·特辑. 厦门:鹭江出版社,2000.

[50] 唐顺铁. 旅游目的地的社区化及社区旅游研究. 地理研究,1998(2):145-149.

[51] 唐兴霖,马骏. 中国农村政治民主发展的前景及困难:制度角度的分析. 政治学研究,1999(1):51.

[52] 仝志辉,贺雪峰. 村庄权力结构的三层分析——兼论选举后村级权力的合法性. 中国社会科学,2002(2).

[53] 王道勇. 国家与农民关系的现代性变迁——以失地农民为例. 北京:中国人民大学出版社,2008.

[54] 王刚,罗峰. 社区参与:社会进步和政治发展的新驱动力和生长点. 浙江学刊,1998(3).

[55] 王建民. 去单位化、社区记忆的缺失与重建——资源枯竭型城市社区建设的社会学分析. 甘肃社会科学,2006(6):50-52.

[56]王骥洲.社区参与主客体界说.山东行政学院、山东经济管理干部学院学报,2002(5).

[57]王铭铭.村落视野中的文化与权力.北京:生活·读书·新知三联书店,1997.

[58]王思斌.共事依赖:乡—村干部关系的一种模式//王汉生.农村基层政权运行与村民自治.北京:中国社会科学出版社,2001.

[59]王岳川.布迪厄的文化理论透视.教学与研究,1998(2):39-44.

[60]魏建,赵钱龙.中国乡村利益共同体的变迁及其影响——由均势到非均势.学习与探索,2008(2):156-161.

[61]翁时秀,彭华.权力关系对社区参与旅游发展的影响——以浙江省南溪江芙蓉村为例.旅游学刊,2010(9):31-37.

[62]吴必虎.区域旅游规划原理.北京:中国旅游出版社,2001.

[63]吴理财.民主化与中国乡村社会转型.天津社会科学,1999(4):75-79.

[64]吴理财.农村社区认同与农民行为逻辑.经济社会体制比较,2011(3).

[65]吴思红.村庄精英利益博弈与权力结构的稳定性.中共中央党校学报,2003(1):39-43.

[66]吴毅."权力—利益的结构之网"与农民群体性利益的表达困境.社会学研究,2007(5):21-45.

[67]夏建中.现代西方城市社区研究的主要理论与方法.燕山大学学报(哲学社会科学版),2000(2):1-6.

[68]萧楼,王小军.互构村庄:权力转换机制与村庄治理结构.开放时代,2001(3):82-91.

[69]谢志岿."社会资本":理论史和主要论域.学术探索,2007(3):49-57.

[70]徐晓军.转型期中国乡村社区记忆的变迁.宁夏社会科学,2002

(1):52-56.

[71]杨龙.路径依赖理论的政治学意义.中共宁波市委党校学报,2003(1).

[72]杨荣.论我国城市社区参与.探索,2003(1).

[73]杨瑞龙,周业安.企业的利益相关者理论及其应用.北京:经济科学出版社,2000.

[74]姚洋.自由、公正和制度变迁.郑州:河南人民出版社,2002.

[75]姚福喜,徐尚昆.国外社会资本理论研究进展.理论月刊,2008(5):143-148.

[76]叶麒麟,郑庆基.论乡镇政府在征地中的角色定位——从乡镇政府行为的逻辑谈起.湖北社会科学,2006(10):30-33.

[77]应星."气"与中国乡土本色的社会行动——一项基于民间谚语与传统戏剧的社会学探索.社会学研究,2010(5):111-129.

[78]应星."气"与中国乡村集体行动的再生产.开放时代,2007(6):106-120.

[79]应星."气场"与群体性事件的发生机制——两个个案的比较.社会学研究,2000(6):105-121.

[80]应星.草根动员与农民群体利益的表达机制.社会学研究,2007(2):1-23.

[81]应星.大河移民上访的故事.北京:生活·读书·新知三联书店,2001.

[82]于建嵘.抗争性政治:中国政治社会学的基本问题.北京:人民出版社,2010.

[83]翟学伟.中国社会中的日常权威:概念、个案及其分析.浙江学刊,2002(3):106-113.

[84]张静.基层政权:乡村制度诸问题.上海:世纪出版集团&上海人民

出版社,2007.

[85] 张建萍. 生态旅游理论与实践. 北京:中国旅游出版社,2001.

[86] 张亮. 上海社区建设面临挑战:居民参与不足. 社会,2001(1):4-6.

[87] 张卫. 社区参与:社区建设与发展的推动力. 社会,2001(1):12-14.

[88] 张伟,吴必虎. 利益主体理论在区域旅游规划中的运用——以四川省乐山市为例. 旅游学刊,2002(4):63-68.

[89] 赵凌云. 争议与解决途径——再论社会资本的功能. 内蒙古社会科学(汉文版),2008(4):117-120.

[90] 赵秀玲. 中国乡里制度. 北京:社会科学文献出版社,1998.

[91] 钟洁,陈飚. 西部民族地区旅游社会冲突的协调与社会和谐发展. 西南民族大学学报(人文社会科学版),2011(2):141-144.

[92] 郑卫东."国家与社会"框架下的中国乡村研究综述. 中国农村观察,2005(2):72-79.

[93] 周玲. 旅游规划与旅游管理中利益相关者研究进展. 旅游学刊,2004(6):53-59.

[94] 左冰,保继刚. 从"社区参与"走向"社区增权"——西方"旅游增权"理论研究述评. 旅游学刊,2008(4):58-63.

[95] Akama J. Western environmental values and nature-based tourism in Kenya. Tourism Management,1996,17(8):567-574.

[96] Cevat Tosun. Limits to Community Participation in the Tourism Development Process in Developing Countries. Tourism Management,2000,21(6):613-633

[97] David. A. Fennel. Eeo-tourism: An Introduction. New York: Routledge,1999.

[98] Freeman R. E. Strategic Management:A stakeholder Approach. Boston: Pitman,1984.

[99] Herbert‐Cheshire L. Contemporary Strategies for Rural Community Development in Austrilia: A Governmentality Perspective. Journal of Rural Studies, 2000 (16):203-215.

[100] Jean C. Oi. The Role of the Local State in China's Transitional Economy. The China Quarterly,1995,12(01):1132-1149.

[101] Joel S. Migdal. Strong Societies and Weak States:State—Society Relations and State Capabilities in the Third World,Princeton. New Jersey:Princeton University Press, prologue,1988.

[102] J. R. Brent Ritchie. Crafting a value‐driven vision for a national tourism Treasure. Tourism Management,1999,20(3): 273-282.

[103] Koch E. Ecotourism and Rural Reconstruction in South Africa:Reality or Rhetoric. London:Earthscan,1997.

[104] Nan Lin, K. Cook, R. S. Burt. Social Capital:Theory and Research. New York : Aldine de Gruyter,2001.

[105] Pearce P. Moscardo G. Ross G. Tourism Community Relationships. New York:Pergomon,1996.

[106] Reed M. G. Power Relation and Community‐based Tourism Planning. Annals of Tourism Research,1997,24(3): 566-591.

[107] Scheyvens R. Ecotourism and the Empowerment of Local Communities. Tourism Management,1999 (20):245-249.

[108] Sudhiam Pratiwi. Understanding Loeal Community ParticiPation in Eeo‐tourism DeveloPment:A Critical Analysis of Select. Published Literatue,2000.

[109] Tazim B. Jamal, Donald Getz. Collaboration theory and community tourism planning. Annals of Tourism Research,1995,22(1):186-204.

附 录

附录一 M 村事件访谈目录

序号	被访谈人	主题	个人信息
1	ZXH1	农家旅游发展状况、村修河坝承包事件,村拆迁与征地的经过,今后的生计看法	男,41岁,初中,从事民俗旅游接待
2	FJH2	村旅游拆迁新农村建设补偿金分配,对光头黑衣男子和保安的看法,今后的生计看法	男,29岁,中专,从事民俗旅游接待
3	LYX3	村旅游拆迁的过程与商业开发,今后生计的看法	女,33岁,初中,从事民俗旅游接待
4	FJQ4	旅游拆迁与新农村建设,对T屯镇的法庭庭长GM的看法,村代表选举的看法	男,49岁,小学,农民,经营小商店
5	SFQ5	政府人员旅游拆迁的做法和Q公司征地做法	女,52岁,小学,从事民俗旅游接待
6	ZY6	政府人员旅游拆迁的做法	男,22岁,村民,大学在读
7	LTN7	对基层政府旅游拆迁和征地的看法	男,39岁,初中,村民,务农
8	ZZJ8	政府人员旅游拆迁的做法与看法	男,初中,43岁,从事民俗旅游接待

续表

序号	被访谈人	主题	个人信息
9	LYX9	对村书记和主任权力的看法,政府人员旅游拆迁的做法和对征地补偿金的看法,村户口农转非问题	女,33岁,初中,从事民俗旅游接待
10	HJY10	政府人员旅游拆迁的做法与看法	女,41岁,初中,在Y县城工作,非本村村民
11	LWY11	村土地流转方案的通过过程	男,38岁,高中,村民三队代表
12	LHG12	政府人员旅游拆迁的做法	男,45岁,小学,村民
13	LQS13	代表村民上访的过程、上访理由与看法。对村干部行为的看法	男,40岁,高中,从事民俗旅游接待,村上访代表
14	HCY14	关于村民自治的理解	女,46岁,大专,M村委会干部
15	WDG15	拆迁工作的看法与体会	男,37,村两委委员,负责村中治安与环境,拆迁小组副组长

附录二 S村事件访谈目录

序号	被访谈人	主题	个人信息
1	ZQS-B1	对承包与并购J景区事件的看法	男,47岁,初中,从事民俗旅游接待,北S村村民
2	RKZ-B2	对承包与并购J景区事件的看法,对村代表选举的看法	男,41岁,初中,从事民俗旅游接待,北S村村民
3	CTX-B3	对村生产队长李山承包J景区的看法,村民在景区中从事工作的情况,景区并购的补偿金分配,村民户分家情况	女,43岁,小学,从事民俗旅游接待,北S村村民

续表

序号	被访谈人	主题	个人信息
4	GMZ-B4	对村生产队长李山承包J景区后的北S村利益分配、村代表选举的看法	男,37岁,小学,镇政府的保安人员,北S村村民
5	DK-B5	承包与并购J景区的经过与个人体会	男,47岁,高中,北S村村长
6	WM-B6	承包J景区事件中的个人做法与看法。对村干部选举的看法	男,39岁,小学,外地做生意,南S村村民
7	CA-B7J	J景区并购事件中代表村民在镇政府上访原因、过程、结果和体会。对查村生产队长的账目和村干部选举的了解和看法	男,44岁,初中,从事民俗旅游接待,村民上访代表
8	QJ-B8J	J景区并购的起因与过程	男,45岁,大学,S镇旅游中心主任,公务员
9	WCH-B9J	J景区并购补偿金分配。对村干部选举的看法	男,34岁,高中,从事民俗旅游接待,北S村村民
10	NLS-B10J	J景区补偿租分配方案	男,37岁,初中,从事民俗旅游接待,北S村村代表
11	WWG-B11	村外搬户的景区分红,环境污染补偿事件的过程与结果	男,56岁,小学,从事民俗旅游接待,北S村村民
12	WB-B12	景区果园的补偿金	男,48岁,中学,党员,承包景区中果园,前北S村村长
13	YC-N1R	R景区的发展规划、管理与景区收益分配的现状	男,56岁,高中,R景区副经理
14	WDY-N2	对R景区的收益分配的看法	男,48岁,初中,R景区董事,从事民俗旅游接待
15	LXL-N3	南S村堵路事件的经过与看法	女,48岁,小学,南S村民代表

续表

序号	被访谈人	主题	个人信息
16	DYX-N4	对R景区的收益分配的看法	男,35岁,大专,从事民俗旅游接待,南S村村民
17	NWL-N5	对R景区的收益分配、党支部书记选举的看法	男,55岁,初中,党员,从事民俗旅游接待,南S村村民
18	LCG-N6	向南S村村长反映的R景区收益分配问题	男,40岁,小学,从事民俗旅游接待,南S村村民
19	LQ-N7	对R景区的收益分配的看法	男,54岁,初中,从事民俗旅游接待,南S村村民
20	WLR-N8	南S村堵路事件的经过与看法	女,42岁,小学,从事民俗旅游接待,南S村村民

后　记

　　这本专著是在我的博士论文基础上修改而成的。回想过去调研与写作的日子，总是感觉充满着劳作的艰辛与充实的愉悦。作为一个具有社会人类学背景的研究者，虽然田野调查已经不是第一次，但每一次调查时的感受还是不同的。这次可能由于我选择的是"村落权力"问题，这一选题所固有的敏感性令我这次调查困难重重，所幸我得到了北京联合大学旅游学院宁泽群教授的鼎力支持，正是他对乡村旅游社区可持续发展问题的关注，才激发了我深入研究的兴趣。在研究过程中宁泽群教授不断地关注研究进展，当我面对选定的村落而无法深入调查的时候，宁教授及时与相关领导取得联系，协助我进行调查，我才能够获得鲜活的一手资料。在此，我要感谢宁泽群教授为本专著所付出的努力。宁教授宽广的学术视野，严谨的学术风格，平易近人、和蔼可亲的人格魅力，令我深深折服。

　　这本著作的完成我要感谢我的博士生导师任国英教授和硕士生导师何明升教授。六年的耳濡目染，传道授业，导师渊博的学识、宽厚的治学理念，以及对研究的执着，深深地影响了我，令我获益终身。

　　感谢北京联合大学旅游学院的领导和同仁们的不断支持与鼓励。在这样一所充满朝气的学院中，我无时无刻不感觉到学院对青年教师的重视与培养，这也坚定了我从事旅游研究的决心。在这里，我要特别感谢旅游学院的人事处原处长李淑芳老师和李享教授，正是在他们的直接关怀与支持鼓励下，我才踏上了旅游的教学与学术研究之路。虽然才刚刚起步，但这也是最重要的一步。

　　感谢本书中我所调查的村民们，每次当我带着疑问来到调查村落时，总能够听到新故事，发现新问题。在与纯朴的村民交往过程中，总是能够获得他们的信任、支持与配合。当我从村子中满载而归的时候，总是对村民们给予我的多，而我对他们付出的少而感到愧疚，我所能做的也仅仅是将我的观察与思考凝结在这本著作中，希望更多的学者关注这些可敬可爱的村民们。

最后，我要提一下我的亲人。我来自于东北的一个普通家庭，多年来我的父母一直默默地支持我，供我读书，然而我回报他们的却很少，这常常令我自责。2010年8月19日晚，我的母亲因病在东北老家去世，她为了我和这个家庭操劳了一生，这本著作献给在天有灵的母亲，以告慰我对她的思念。我要感谢我的父亲，他独自承担下了家庭的重担，这么多年一直经营呵护着这个家庭，他像一棵大树，为我遮风挡雨，他乐观豁达的性格深深影响了我。我要感谢我的岳母和妻子，感谢他们给予我的深深理解和坚定的支持，没有他们承担下全部的家务，照顾孩子，令我可以专心写作，没有他们的付出与鼓励，我是不可能完成这本著作的。此外，我要特别感谢我四岁的小儿子，在写作期间，他的顽皮、健康成长都令我非常开心。

时少华
2012年8月30日